Zinnecker
Sozialgeschichte der Mädchenbildung

Jürgen Zinnecker

Sozialgeschichte der Mädchenbildung

Zur Kritik der Schulerziehung von Mädchen
im bürgerlichen Patriarchalismus

Beltz Verlag · Weinheim und Basel 1973

D 188

ISBN 3 407 19011 5

© 1973 Beltz Verlag · Weinheim und Basel
Gesamtherstellung: Beltz, Offsetdruck, 6944 Hemsbach über Weinheim
Printed in Germany

Inhaltsverzeichnis

Verzeichnis der Tabellen und Grafiken 9

Einleitung
Erläuterung der Problemstellung, der Methode und
des Untersuchungsgangs der Arbeit 11

Erster Teil
Die Schulbildung der bürgerlichen Frau im 19. Jahrhundert.
Institutionelle Basis und gesellschaftliche Bedeutung 23

1. Kapitel
Die öffentliche "Höhere Schule" als Schule
für die männliche Jugend 25

2. Kapitel
Soziale Strukturen der "höheren Mädchenschulen" 29

2.1. Geschichte und institutioneller Aufbau 29
2.2. Wirksamkeit unterschiedlicher Trägergruppen 38
2.3. Ausbildung und Zusammensetzung des Personals 41
2.4. Soziale Herkunft der Besucher 49
2.5. Privatunterricht und Pensionat als
     ergänzende Einrichtungen 56

3. Kapitel
Soziale Funktionen der "höheren Mädchenbildung" 61

3.1. Die Entwicklung der "höheren Mädchenschule" als Ergebnis der Sozialisationsschwäche der bürgerlichen Familie 61
3.2. "Höhere Mädchenbildung" als Statussymbol und als Ausdruck des Mobilitätsstrebens bürgerlicher Familien 71

4. Kapitel
Die Einbeziehung der bürgerlichen Frau in den kapitalistischen Arbeitsprozeß und in das Berechtigungssystem privilegierter Bildung 79

4.1. Exkurs: Die unvollkommene Integrierung der Mädchen in den öffentlichen Elementarunterricht 80
4.2. Der Kampf der bürgerlichen Frauenbewegung um den Zugang zur "höheren Bildung" 84

Zweiter Teil
Ideologien der Mädchenbildung im bürgerlichen Patriarchalismus.
Sozioökonomischer Kontext und historischer Wandel 93

1. Kapitel
Erziehung des Mädchens zur Dame: Die Frau als Statusobjekt 95

1.1. Inhalt und Bedeutung des Erziehungsziels im bürgerlichen Patriarchalismus 95
1.2. Strukturwandel der weiblichen Statusfunktionen im Monopolkapitalismus 106

2. Kapitel
Erziehung des Mädchens zur idealen Weiblichkeit: Die Frau als Objekt männlicher Projektionen 115

2.1. Inhalt und Struktur der Ideologie vom "weiblichen Wesen" 115
2.2. Voraussetzungen und Funktionen der projektiven Geschlechterideologie 123

2.3. Das "weibliche Wesen" als ideologische Basis
     der "eigenständigen" Mädchenbildung 135

Schluß
Emanzipation der Frau im Konkurrenzkapitalismus
des 19. Jahrhunderts und im Monopolkapitalismus
des 20. Jahrhunderts 143

Verzeichnis der zitierten Literatur 152

Verzeichnis der Tabellen und Grafiken

Tabellen

Tabelle 1
"Höhere Schulen" und "höhere Mädchenschulen"
in Preußen 1932 und 1900 31

Tabelle 2
Verzeichnis der 1836 bestehenden höheren Privat-
Mädchenschulen (bzw. Pensionate) in Dresden 34/35

Tabelle 3
Vergleich der Entwicklung der öffentlichen "höheren
Jungen- und Mädchenschulen" in Preußen in der
zweiten Hälfte des 19. Jahrhunderts 37

Tabelle 4
"Höhere" und "mittlere Mädchenschulen" Mecklenburgs
1883 nach Schulträgern 40

Tabelle 5
Ausbildungsgrad der Lehrer an öffentlichen "höheren
Mädchenschulen" in Preußen (1886), Sachsen (1903)
und Preußen (1908) 43

Tabelle 6
Grad der Ausstattung der öffentlichen, ausgebauten
"höheren Mädchenschulen" Preußens (1908) mit
akademisch ausgebildeten Lehrern und Lehrerinnen 43

Tabelle 7
Lehrer und Lehrerinnen an den öffentlichen und
privaten Mädchenschulen Preußens 1833 und 1896 48

Tabelle 8
Häufigkeit verschiedener Prozentanteile männlicher Lehrer an öffentlichen, ausgebauten höheren Mädchenschulen Preußens 1908 48

Tabelle 9
Anzahl der Schüler und Schülerinnen, die 1779/80 im Oberstift Trier Unterricht im Schreiben und Rechnen erhielten 84

Grafik

Grafik 1
Prozentsatz der preußischen Mittelschulen und höheren Mädchenschulen, deren Schulgeld - nach dem jährlichen Höchstbetrag geordnet - unter einem bestimmten Markbetrag liegt (1893) 56

Einleitung

Erläuterung der Problemstellung, der Methode und des Untersuchungsgangs der Arbeit

Die vorliegende Arbeit bezieht sich auf einen historisch begrenzten Gegenstand. Thema ist die Sozialgeschichte der außerhäuslichen Erziehung von bürgerlichen Frauen im Deutschland des 19. Jahrhunderts. Untersucht werden hierzu die gesellschaftlichen Formen, Entwicklungen und Bedingungen der pädagogischen Institutionen sowie der Bildungsideologien.

Allerdings dient die historische Begrenzung keinem wissenschaftsspezialistischen Selbstzweck. Das Interesse am Gegenstand resultiert aus dem Interesse an der Gegenwart und an deren analytischer Erhellung. Die Bedeutsamkeit des Themas unter dieser Perspektive soll im folgenden anhand der individuellen Genese der Problemstellung, der angewandten Methode und anhand eines Vorgriffs auf den Gang der Untersuchung jeweils kurz verdeutlicht werden.

In der Wahl der Themenstellung spiegelt sich zunächst einmal ein Stück persönlicher Biografie des Autors, zu dessen Erfahrungen als Schüler und Jugendlicher die lastende Gegenwärtigkeit und Materialisierung konservativer Geschlechterideologien gehörte. (Hierzu zählten ein nach Geschlechtern trennender Unterricht in konfessionellen Schulen; ein im Kontext des Katholizismus tradierter Weiblichkeitskult; und schließlich Vorstellungen vom männlichen und weiblichen Wesen, wie sie von bestimmten philosophischen Richtungen - am nachdrücklichsten, für einen Lehrerstudenten, seitens der geisteswissenschaftlichen Pädagogik - vorgebracht wurden.)

Der Kontext war einer kritisch *moralisierenden* Auseinandersetzung mit dem reaktionären Gehalt von Geschlechterphilosophien und Mädchenbildung förderlich. Der direkte Anstoß zur *analytischen* Bearbeitung des Themas kam von seiten einer weiteren, der ersten konträren Erfahrung. In deren Mittelpunkt stand der beherrschende Eindruck von der gelegentlichen Ohnmacht dieser Richtung gegenüber geschlechtsneutralen, egalitären Erziehungs- und Gesellschaftstendenzen, die sich an bestimmten institutionellen und ideologischen Schlüsselstellen anscheinend mühelos durchzusetzen vermochten. Obendrein befanden sich die egalitären Bestrebungen in der politischen Offensive, wie die Debatten um die "Gleichberechtigung" der Frauen in rechtlicher und sozialer Hinsicht oder um die "Chancengleichheit" der Mädchen im Ausbildungsbereich hinreichend belegten.

Aus dem verwirrenden Wechselspiel von egalitären und differenzierenden Tendenzen, ihrem teils friedlichen Neben- und teils konfligierenden Gegeneinander erwuchs ein analytischer Zwang, die mehrdeutige Erscheinungsweise der gesellschaftlichen Oberfläche auf ihre Bestimmungsgründe zurückzuführen.

Als Methode hierzu bot sich die historisch-dialektische an[1]. Im dialektischen Rahmen findet eine Interpretationsperspektive Platz, die sich gleichzeitig um das ganze Ausmaß der sozialen Widersprüche *und* um deren gesellschaftliche Einheit bekümmert. Die Bestimmung der widersprüchlichen Einheit von Phänomenen sowie von Erscheinung und Wesen kann nur gelingen, wenn der letztliche Bezugspunkt jeder Analyse, auch der konkreten Einzelanalyse, die Gesellschaft als historische Totalität ist. Ihre Konkretisierung erfährt die historisch-dialektische Methode aus der Orientierung an der Marxschen Kritik der Politökonomie: Die zugrundegelegte Totalität ist die kapitalistische Gesellschaft.

In dem Buch "Emanzipation der Frau und Schulausbildung" (Zinnecker, 1972) wurden schulische Sozialisation und soziale Lage der Frau, wie sie sich in der kapitalistischen

---
[1] Vgl. zur näheren Bestimmung der Ausprägung der Methode, wie sie Eingang in die vorliegende Arbeit fand, Zinnecker (1972, Vorwort).

Gegenwart darstellen, einer solchen historisch-dialektischen Untersuchung unterworfen. Im Brennpunkt der Analyse stand dabei das empirische Zusammenwirken egalitärer und trennender, diskriminierender und privilegierender Momente bei der Formung des Sozialcharakters von Frauen durch den Ausbildungssektor ebenso wie bei der Vorbestimmung des weiblichen Lebensverlaufs durch die vermittelnde Schullaufbahn.

Das vorliegende Buch ist als *sozialgeschichtliches* Pendant zur Analyse der Gegenwartslage konzipiert. Die Untersuchung greift auf das 19. Jahrhundert zurück und damit auf ein Entwicklungsstadium des Kapitalismus, das *vor* der Herausbildung der heute die gesellschaftliche Erscheinungswelt bestimmenden Ambivalenzen und Widersprüche weiblicher Lage und Sozialisation liegt. Während im Monopolkapitalismus des 20. Jahrhunderts Frauen sowohl gleich-berechtigt, gleich-artig als auch abweichend und nicht-gleichgestellt ausgebildet werden, scheinen die gesellschaftlichen Verhältnisse im Konkurrenzkapitalismus vor 100 Jahren noch eindeutig: Mädchen werden in gesonderten Anstalten mit Zielsetzungen ausgebildet, die mit denen der Jungen-Schulen wenig gemeinsam haben. Dieses Bild gilt jedenfalls für den bürgerlichen Teil der Gesellschaft, auf den die Analyse sich allein bezieht.

Der historische Rückgriff erfährt seine methodische Rechtfertigung aus genau dieser Eindeutigkeit der Phänomene. Für einen kurzen Übergangszeitraum werden Lage und Ausbildung der (bürgerlichen) Frauen fast ausschließlich von gesellschaftlichen Wirkkräften bestimmt, die in der nachfolgenden Epoche des Kapitalismus zwar nicht verlorengehen, aber doch ihre Ausschließlichkeit - und damit ideologisch-institutionelle Oberflächenprägnanz - verlieren[2]. Die Analyse von Ausbildung und Situation bürgerlicher Frauen im 19. Jahrhundert vermag damit, rückprojiziert auf die vieldeutig mystifizierende kapitalistische Gegenwart, deren Erscheinungsbild zu entzerren und der Analyse freizugeben.

---

2 Vgl. zur inhaltlichen Ableitung der gesellschaftlichen Situation der Frauen das Schlußkapitel und Zinnecker (1972, Einleitung).

Dieser methodische Stellenwert der Analyse der Mädchenbildung im 19. Jahrhundert rechtfertigt die Beschränkung auf die bürgerlichen (und an zweiter Stelle bäuerlichen) Gruppen. Die Lage von Frauen und Mädchen des Industrieproletariats unterliegt in dieser Phase bereits gesellschaftlichen Bestimmungsgründen, die denen verwandt sind, die sich in der kapitalistischen Gegenwart für alle Frauengruppen verallgemeinert haben.

Der *Gang der Untersuchung* orientiert sich an zwei Erscheinungsweisen bürgerlicher Mädchenbildung im 19. Jahrhundert: an den institutionellen Strukturen, die im ersten Teil, und an den ideologischen Ausdrucksformen, die im folgenden Teil der Arbeit analysiert werden. Die beiden Teile sind in sich in der Weise gegliedert, daß die historischen Phänomene zunächst deskriptiv vergegenwärtigt werden, ehe in den folgenden Kapiteln und Abschnitten deren Rückführung auf zugrundeliegende gesellschaftliche Bestimmungsgründe erfolgt.

Im *ersten Teil* werden Struktur und Entwicklung der "Höheren Mädchenschule" thematisiert, die als die für die bürgerliche Frauenbildung des 19. Jahrhunderts repräsentative Ausbildungsinstitution anzusehen ist. Zunächst (1. Kapitel) gilt es, den prinzipiellen Unterschied in der Entwicklung des Schulsystems für bürgerliche Männer und für bürgerliche Frauen herauszustellen. Die Jungenschulen werden in dieser Zeit als Veranstaltungen des Staats auf- und ausgebaut. Demgegenüber lehnt die bürgerlich-pädagogische Öffentlichkeit eine mögliche staatliche Vorsorge für die Schulbildung der entsprechenden Mädchengruppe entschieden, ja polemisch ab.

Soweit die negative Bestimmung der Schulausbildung der Frauen im 19. Jahrhundert. Positiv läßt sich diese historische Epoche als Zeit der Gründung und des Ausbaus zahlreicher "Töchterschulen" und "Pensionen" kennzeichnen. Die widersprüchliche Definition - staatliche Enthaltung und gesellschaftliches Engagement - deutet auf mögliche widersprüchliche Bestimmungsgründe der Institutionalisierung außerhäuslicher Schulung von bürgerlichen Frauen hin.

Um die Analyse der gesellschaftlichen Bestimmungsgründe und ihrer Widersprüche vorzubereiten, werden im 2. Kapitel einige soziale Strukturmerkmale der "Höheren Töchterschule" herausgearbeitet. Die Institution ist grundsätzlich dadurch geprägt, daß der Staat als regulierende und finanzierende Instanz ausfällt. Die Schulen werden durch die Eltern der Schülerinnen, in zweiter Linie durch städtische Kommunen finanziert. Als organisierende Trägergruppen der Schulen fungieren "Privatunternehmer", Elternvereinigungen und Stadtgemeinden. Die private und regionale Begrenzung des Interesses verurteilt die "Höheren Töchterschulen" zur Rückständigkeit gegenüber den "Höheren Schulen" für Jungen hinsichtlich materieller, personeller Ausstattung und Qualität des Unterrichts der Einzelschulen oder im Hinblick auf den Ausbau des Gesamtsystems.

Vergleicht man jedoch die historische Entwicklung der "Höheren Schulen" im Verlauf des Jahrhunderts, so treten die übereinstimmenden Momente in der Entwicklungsrichtung der beiden Schulgattungen hervor: Für beide läßt sich eine auffällige Verbreiterung der institutionellen Basis, des curricularen Angebots und des Lehrpersonals feststellen.

Das 3. Kapitel wendet sich dem gesellschaftlichen Bedingungsgefüge zu, das der sowohl voneinander abweichenden als auch wiederum parallelen Entwicklung der "Höheren Schulen" für bürgerliche Männer und Frauen zugrundeliegt.

Im ersten Abschnitt (3.1.) werden Grundformen der Sozialisationsschwäche bürgerlicher Familien, deren Ableitbarkeit aus Strukturmomenten des Industriekapitalismus und deren sozialgeschichtliche Ausprägung im Konkurrenzkapitalismus des 19. Jahrhunderts analysiert.

Die mangelnde Sozialisationskompetenz der Familien rührt her von der Aussonderung der produktiven und herrschaftlichen Funktionen - als Industrie und als Staat - aus dieser Institution. Die objektive Trennung der institutionellen gesellschaftlichen Bereiche schlägt sich subjektiv als Aufteilung der Lebenssituationen und als Auffächerung des Sozialcharakters der Gesellschaftsmitglieder nieder. Der Familie verbleibt nur die eine, "private" Hälfte des Vergesellschaftungsprozesses. Für den "öffentlichen" Teil soll, als Übergangsinstitution, die Schule vorbereiten.

Die "Doppelrolle" bürgerlicher Existenz gilt in der Phase der großen Industrie zunächst nur für Männer; bürgerlichen Frauen bleibt der industrielle und staatliche Sektor versperrt. In dieser Differenz liegen die Notwendigkeit staatlicher Fürsorge für "Höhere Schulen" der Jungen und das Ausbleiben eines entsprechenden Interesses für "Höhere Töchterschulen" letztlich begründet.

Die strukturelle Notwendigkeit einer außerhäuslichen, wenigstens semi-öffentlichen Ausbildungsinstitution für bürgerliche Mädchen resultiert aus der Verallgemeinerung des familialen Sozialisationsdefizits in der kapitalistischen Gesellschaft. Der Kompetenzverfall greift auf die Frauenerziehung aus zweierlei Gründen über. Zum einen wirkt die sozialpsychologische Ausdifferenzierung öffentlicher und privater "Rollen" auf den häuslichen Bereich zurück und fördert auch dort eine Schottierung und Rationalisierung der Sozialbeziehungen. Die daraus folgende "Unsichtbarkeit" der bürgerlichen Erwachsenenrollen behindert die Familienerziehung *aller* Kinder. Zum anderen sind der weibliche und männliche Sozialcharakter komplementär aufeinander bezogen; Veränderungen im männlichen zeitigen notwendigerweise Veränderungen im weiblichen. Beide Momente begünstigen die Etablierung einer Schule für bürgerliche Mädchen, die wenigstens einige Ziele mit der "Höheren Schule" der männlichen Jugendlichen gemeinsam hat.

Der zweite Abschnitt des 3. Kapitels (3.2.) thematisiert den Zusammenhang der "Höheren Mädchenschulen" mit der Klassenlage des Bürgertums. Die Entwicklung des Kapitalismus dynamisiert das ständisch verfestigte Klassensystem der Feudalgesellschaft. Die Dynamisierung umschließt das Manifestwerden der im Feudalismus latent gebliebenen objektiven, das heißt ökonomisch begründeten Klassenantagonismen ebenso wie die subjektive Erfahrung der Individuierung von Klassenzugehörigkeit und -mobilität. Letztere vermittelt sich über die

Urbanisierung des gesellschaftlichen Lebens, die unter anderem das überkommene System der Standesattribute auflöst und durch ein System bürgerlicher Aufwandnormen ersetzt, das sich vom überkommenen durch seine permanente Aktualisierung und durch eine gewisse "Verinnerlichung" seiner Ausdrucksformen abhebt.

Der erfolgreiche Besuch der bürgerlichen "Höheren Schulen" bildet einen zentralen Bestandteil der neuen Statuskonkurrenz. In diese ist die "Höhere Töchterschule" ebenso einspannbar und eingespannt wie die "Höhere Schule". In diesem Zusammenhang wird selbst das schulische Leistungsprinzip, das seinen realen Bezug aus der Selektion von männlichen Jugendlichen für und ihre Initiation in öffentliche Ämter erhält, in die von solcher Funktion gereinigte Mädchenbildung rückübertragen.

Den Abschluß dieses Teils der Arbeit bildet ein viertes Kapitel, in dem der historische Auflösungsprozeß der gesonderten Schulbildung bürgerlicher Mädchen gegen Ende des Jahrhunderts beschrieben wird. Die Darstellung beschränkt sich auf die Ebene der Bildungs*politik*, die durch den Kampf der bürgerlichen Frauenbewegung gegen das geschlechtsspezifische Berufs- und Bildungsverbot und die hinhaltende Reaktion der (preußischen) Staatsverwaltung gekennzeichnet ist. Am Ende der Auseinandersetzung steht die widersprüchliche Integrierung der bürgerlichen Mädchen in das Berechtigungswesen des Ausbildungssektors und damit die Herstellung der für den Monopolkapitalismus kennzeichnenden ungleichen Gleichheit der Schulbildung.

In einem Exkurs (4.2.) wird die Vorwegnahme des gegenwärtigen Zustands der Mädchenbildung im Bereich der Elementarbildung während des 19. Jahrhunderts erläutert.

Im *zweiten Teil* wird die institutionelle Analyse um eine Analyse der Ideologien zur Mädchenbildung im 19. Jahrhundert erweitert. Auch in diesem Teil geht es um die analytische Verknüpfung von gesellschaftlichen Oberflächenphänomenen mit dem ihnen zugrundeliegenden Bedingungsgefüge. Der komplexen Argumentation entspricht eine Darstellungsweise, in der die

Ebene der Metareflexion über die gesellschaftlich-historische Funktion von Ideologien im Kapitalismus überhaupt, die Ebene der inhaltlichen Beschreibung einiger Ideologien und die Ebene der Entstehungs- und Funktionsbestimmung dieser konkreten Ideologien ineinander verschachtelt werden.

Das 1. Kapitel des 2. Teils wendet sich dem Erziehungsziel der Dame zu, das die Mädchenbildung des bürgerlichen Patriarchalismus ebenso klar beherrscht, wie es pädagogisch bekämpft wird. Strukturell sind der demonstrative Müßiggang und der demonstrative Konsum, die die Existenzweise der Dame bestimmen, auf die repräsentative Darstellung von Klassenstatus zurückzuführen. Unter den Bedingungen der Arbeit im Konkurrenzkapitalismus treten klassenbezogene Arbeitsleistung und soziale Darstellung der Klassenlage arbeitsteilig auseinander und verselbständigen sich zu bürgerlichen Geschlechterrollen. Die Loslösung der bürgerlichen Frauen von den Zwängen gesellschaftlicher Arbeitsprozesse offenbart sich - statt als befreiende Humanisierung - als Unterordnung unter sekundäre Zwänge des klassengebundenen Statussystems. Die Entpersönlichung der Frauen als spezialistische Träger fremdgesetzten, vom einzelnen Mann gewonnenen Status widerspricht deutlich dem Begriff der Individuierung, dem sich bürgerliche Pädagogik verpflichtet weiß. Das Bewußtsein dieser Differenz vermag nicht zu verhindern, daß die "Höhere Töchterschule" als Instrument der Erziehung der Mädchen zum Statusobjekt Dame fungiert.

Die Eindeutigkeit der Instrumentalisierung weiblicher Erziehung und Existenz im bürgerlichen Patriarchalismus geht beim Übergang zum Monopolkapitalismus und mit der Integrierung der bürgerlichen Frauen in den Arbeitsprozeß verloren; in veränderter Form und als *ein* Bestimmungsmoment, das mit anderen Momenten konkurriert - und dadurch seine ideologisch angreifbare einseitig-eindeutige Oberflächenprägnanz einbüßt -, lebt die weibliche Status-Funktion in der Gegenwart fort: Dies das Thema des zweiten Kapitelabschnitts (1.2.). Die Veränderungen in den Ausdrucksformen der Status-Repräsentation lassen sich zusammenfassend als Gewichtsverlagerung zugunsten bestimmter Formen der Konsumtion und als qualitativ neuartige Dominanz des erotisch-sexuellen Bereichs bestimmen. Mit dem Übergang zur industriellen Erzeugung von Bewußtsein im großen Stil tritt zudem ein Wechsel in den sozialisierenden Agenturen ein: Die Bedeutung der Schulinstitutionen verringert sich; deren Funktionen werden teilweise von der Bewußtseinsindustrie übernommen.

Das zweite Kapitel analysiert die weibliche Wesensschau als das unbestrittene Kernstück des Erziehungsziels bürgerlicher Mädchenbildung. In der Ideologie vom weiblichen Wesen verflüchtigt sich der materielle gesellschaftliche Bezug der beiden Geschlechtscharaktere. Dessen Stelle vertritt eine psychologisierende und anthropologisierende Überhöhung der konkreten weiblichen Lage und der konkreten Persönlichkeit der Frauen. Sozialhistorische Voraussetzung der Verfeinerung ist die Herausbildung eines spezifischen Individualitätsmodells im Kontext der kapitalistischen Entwicklung.

Inhaltliche Ausgestaltung und sozialpsychologische Funktion der Weiblichkeitsschau werden von der strikten Arbeitsteilung der Geschlechter im Bürgertum vorgezeichnet. Das weibliche Wesen soll dem in die ökonomischen Zwänge des Konkurrenzkapitalismus eingespannten Mann die "verdienten" psychohygienischen Entlastungen schaffen; soll ihm sowohl die Einheitlichkeit menschlicher Natur, deren er durch die Konfrontation mit der Gesellschaft verlustig ging, als auch einige der ihm aus eben jenem Grund unrealisierbaren humanen Möglichkeiten vor Augen stellen.

Der projektive Charakter der Wesensschau des Weiblichen verleiht dieser ideologische Ambivalenz. Einerseits ist sie Idealisierung der kapitalistischen Gegenwart, verfügbar zur Abwehr von Kritik an dieser und zur Legitimierung konkreter Repression gegen bürgerliche Frauen. Anderseits weist sie auf uneingelöste Möglichkeiten menschlichen Seins hin und damit utopisch über die Realität des Konkurrenzkapitalismus hinaus. Die ideologische Ambivalenz auf gesellschaftlicher Ebene wiederholt sich in der ambivalenten Einstellung gegenüber dem individuellen "Wesen Frau": Der Verklärung (Engel) droht jederzeit der Umschlag in Verachtung und Verfolgung (Hexe).

Beim Übergang zum Monopolkapitalismus büßt die Ideologie des weiblichen Wesens ihre dominierende Rolle ein; lebt in reduzierter und modifizierter, den neuen Gesellschaftsverhältnissen angemessener Form allerdings weiter. Dieser Anpassungsprozeß, den das ideologische Muster durchläuft, wird im zweiten Unterkapitel (2.2.) im Hinblick auf die veränderten Inhalte und auf die zugrundeliegenden Strukturveränderungen skizziert. Die inhaltliche Modifizierung bezieht sich auf die - realitätsangemessenere und weniger angreifbare - Ablösung des jeweiligen Geschlechts-Wesens von der strengen biologischen Geschlechtszugehörigkeit und die Erweiterung der behaupteten segensreichen Wirkungen des weiblichen Prinzips über die Familie hinaus auf alle gesellschaftlichen Bereiche. Die Strukturveränderungen werden vordringlich unter dem Gesichtspunkt der Wandlungen im herrschenden Sozialcharakter und in den gesellschaftslegitimierenden Funktionen von bürgerlichen "Hochideologien" interpretiert. Im abschließenden Abschnitt des 2. Kapitels (2.3.) wird auf die Stimmigkeit der wesenhaften Geschlechterphilosophie für die pädagogische Ideologie der Mädchenbildung verwiesen. Pädagogischer wie Geschlechterideologie liegt ein Grundmodell des Sozialisationsvorgangs zugrunde, in dem Erziehung als Entfaltung eines *vorhandenen* Wesenskerns gedeutet wird. Die Aufgabe der Pädagogik muß sein, eine der Anlage wesensgemäße Umgebung zu schaffen. Aus einer solchen Prämisse lassen sich gesonderte Erziehungsinstitutionen und eine geschlechtsspezifische Didaktik und Methodik ableiten. Inhaltlich wird die Weiblichkeitsideologie zur Legitimierung der curricularen Entscheidung nutzbar gemacht, der "Höheren Töchterschule" eingeschränkte Lehrziele zuzuweisen und einer unschuldraubenden "Verwissenschaftlichung" des Unterrichts entgegenzuwirken.

Das Schlußkapitel der Arbeit versucht, den behandelten sozialhistorischen Zeitabschnitt hinsichtlich seiner Relevanz für die Gegenwartslage der Frauen einzuschätzen. In Abhebung von der vorherrschenden bürgerlichen Geschichtsdeutung, wonach beim Übergang vom Konkurrenzkapitalismus des 19. zum Monopolkapitalismus des 20. Jahrhunderts die Emanzipation der Frauen "gelungen" sei, wird der Ansatz einer historisch-materialistischen Interpretation skizziert. Diese Interpretation führt die emanzipatorischen Prinzipien von Gleichheit und Freiheit auf ihre reale Basis, das ökonomische Tauschprinzip, zurück und arbeitet besonders die - von der bürgerlichen Ideologie gern vernachlässigte - negative Dialektik heraus, der die gesellschaftliche Lage von Frauen im Kapitalismus unterworfen ist. Dessen Entwicklung erzeugt zwar die zunehmende Notwendigkeit zur Gleich- und Freisetzung der Frauen als (tauschende) Individuen. Die kapitalistische Gesellschaft vermag aber aufgrund ihrer Strukturbedingungen die Erfüllung des geweckten Verlangens nach Individuierung und Emanzipation nur als halbe ins Werk zu setzen.

1. Teil

Die Schulbildung der bürgerlichen Frau im 19. Jahrhundert.

Institutionelle Basis und gesellschaftliche Bedeutung

1. Kapitel

Die öffentliche „Höhere Schule" als Schule für die männliche Jugend

Die Schulbildung der bürgerlichen Frau ist historisch eng mit der Sozialgeschichte des staatlich verwalteten Schulsystems verknüpft. Es ist deshalb sinnvoll, mit der Analyse der Mädchenbildung beim Übergang vom 18. ins 19. Jahrhundert einzusetzen: In dieser Zeit konstituiert sich mit dem Ausbau der Schulen als - wie es das Allgemeine Landrecht 1794 proklamiert - "Veranstaltungen des Staates" das moderne Verständnis des Schulsystems:

"... wenn es bisher bloß eine Geschichte des Bildungswesens gegeben hat, so gibt es ... von jetzt an auch eine Geschichte des Unterrichtswesens als die Geschichte dessen, was nunmehr die Regierung des Staats systematisch für das Bildungswesen leistet"[1].

Diese Feststellung Lorenz von Steins über den historischen Einschnitt gegen Ende des 18. Jahrhunderts trifft allerdings nur auf die Elementarschulen und die Schulen für den männlichen Bevölkerungsteil zu. Entsprechende Bemühungen, das Bildungssystem für Mädchen dem "Gesamtorganismus der Staatsregierung"[2] einzugliedern, lassen sich erst ab 1870 nachweisen. Praktisch erfolgt die Gleichstellung des weiblichen Unterrichtswesens "als selbständiger Teil der Regierung"[2] erst 1908.

Die Differenz der historischen Entwicklung von einem Jahrhundert verlangt nach einer Erklärung - das um so mehr, als die finanziellen und organisatorischen Bedingungen prinzi-

---

1 L. v. Stein (1884) S. 521.
2 L. v. Stein (1884) S. 521.

piell gegeben scheinen, auch die weiterführenden Mädchenschulen dem staatlichen Schulsystem einzugliedern. Die Entstehung der zentralisierten Staatsgewalt im Absolutismus, der Aufbau eines bürokratisierten Verwaltungsapparates und die staatliche Verfügungsgewalt über bestimmte materielle Ressourcen kommen aber jenseits der Elementarbildung praktisch allein den Jungen zugute.

Das belegt die Organisierung des Preußischen Gymnasiums als Schule für die männliche bürgerliche Jugend in der ersten Hälfte des 19. Jahrhunderts. Der Ausbau der "Höheren Schulen" wird vor allem durch den Ausbau der Verwaltungsinstanzen, die die Schulaufsicht tragen, in die Wege geleitet: 1817 etabliert man in Preußen erstmals ein eigenes Ministerium des Kultus und Unterrichts; 1825 werden die Provinzialschulkollegien verselbständigt. Auf der Grundlage der erweiterten Kompetenzen der Administration reglementiert man das Prüfungswesen (1834), vereinheitlicht und überwacht die Rekrutierung der unterrichtenden Beamten (1810) und lizensiert die Anstalten nach dem Recht, das Abiturientenexamen zu verleihen. Neben die Aufsicht tritt als neues Arbeitsgebiet der staatlichen Schulbehörden die Verwaltung des höheren Schulsystems.

Demgegenüber stößt bereits die *Idee* einer staatlichen Vorsorge für die Schulbildung bürgerlicher Mädchen auf das dezidierte Desinteresse der schulpolitischen Öffentlichkeit. Weder in den zahlreichen Nationalerziehungsprogrammen um 1800[3] noch bei den liberalen Schulreformern Preußens finden sich Hinweise auf entsprechende Bestrebungen[4]. Das ist nicht weiter verwunderlich, wenn man bedenkt, daß die Zweckmäßigkeit des für Jungen Anfang des 19. Jahrhunderts längst anerkannten Grundsatzes des gemeinsamen, außerhäuslichen Unterrichts anstelle des Einzelunterrichts im Haus für das weibliche Geschlecht noch bis Ende des Jahrhunderts angezweifelt wurde. Vertreter sozialkonservativer Gruppen der Ge-

---
[3] Abgesehen von Ausnahmen wie Fichte.
[4] Nur in Süverns Unterrichtsgesetz-Entwurf von 1819 ist vorgesehen, Mädchen innerhalb des dreistufig gedachten Schulsystems die zweite Stufe - die Stadtschulen - zugänglich zu machen.

sellschaft forderten, Mädchen überhaupt nach Möglichkeit von jedem Unterricht in Schulen fernzuhalten und statt dessen auf das Haus und die häusliche Erziehung zu verweisen. Beispielsweise übersetzte 1792 Rochow eine Schrift des Franzosen Mirabeau, in der dieser ausführt:

"Unser Geschlecht muß, weil es zu den öffentlichen Geschäften bestimmt ist, auch in öffentlichen Schulen erzogen werden. Das Frauenzimmer im Gegenteil, zum häuslichen Leben bestimmt, müßte der Eltern Haus vielleicht nicht anders als in seltenen Fällen verlassen"[5].

1818 schreibt Joseph Hillebrand in der Schrift "Über Deutschlands Nationalbildung":

"Das Mädchen indes soll der Regel nach seine ganze Jugendzeit bis dahin, wo ein Mann es zu seiner Lebensgefährtin wählt, im Schoße der Familie verweilen. Es braucht die Klugheit der Welt nicht, weil seine Bestimmung die Welt nicht ist, sondern das Haus und die Liebe des Mannes"[6].

Zur gleichen Überzeugung kommt 1826 Schleiermacher in seinen pädagogischen Vorlesungen:

"Es gewinnt für uns eine gewisse Wahrscheinlichkeit, daß es nur als Sache der Not anzusehen sei, wenn die Erziehung des weiblichen Geschlechts nicht ganz in der Familie vor sich geht"[7].

Noch nach 1850 vertreten exponierte Konservative wie K. von Raumer (1853)[8], L. v. Wiese (1865), Lorenz von Stein und Paul de Lagarde (1884) eine schulfeindliche Bildungskonzeption für Frauen, wobei der Letztgenannte dem Willen und dem Belieben des künftigen "geliebten Mannes" die Entscheidung darüber überlassen will, wieviel "Bildung" er der Frau zugestehen möchte[9].

---

5 R. Alt (1949) S. 52 f.
6 Hillebrand (1818) S. 232.
7 Schleiermacher (1826) S. 145
8 Raumer (1853; S. 87) begründet die Ablehnung des am kontinuierlichen Lernen orientierten Unterrichts für Mädchen anhand dessen Unvereinbarkeit mit der sozialen Rolle des Mädchens und der Frau, die die ständige Bereitschaft voraussetze, altruistisch für andere Menschen - Eltern, Mann, Kinder - zur Verfügung zu stehen und "Liebesdienste" zu leisten.
9 Bemerkenswerterweise wird die Ansicht, daß Mädchen vorteilhafter in der Familie erzogen würden, sogar von Mädchenschullehrern geteilt. Vgl. die Äußerungen des Mühlhausener Rektors J.G. Herrmann (1878) S. 30.

Obgleich also sowohl die Verehrer alteuropäisch-patriarchalischer Sozialstrukturen als auch die preußische Staatsverwaltung die Verpflichtung für die Erziehung der Mädchen an die bürgerlichen Familien zurückverweisen, kommt es in Deutschland dennoch - besonders nach 1820 - zur Gründung zahlreicher "Töchterschulen" und "Pensionen"[10]. Das deutet auf Widersprüche hin zwischen den Ideologien zur Mädchenerziehung und den praktischen Bedürfnissen der durch die bürgerlichen Familien repräsentierten Gesellschaft, Mädchen außerhalb des Hauses unterrichten zu lassen. Im folgenden sollen daher zunächst einige der sozialen Strukturen der Schulen, die im 19. Jahrhundert für den Unterricht der bürgerlichen Mädchen sorgten, skizziert werden, um anschließend deren gesellschaftliche Bedeutung analysieren zu können[11].

---

10 Vgl. Blochmann (1966) S. 100 ff; Rost (1907) S. 34 ff (für Sachsen).
11 Trotz einer fehlenden Aufarbeitung der Quellen zur Geschichte der "höheren Mädchenschule" im 19. Jahrhundert ist es nicht Ziel der folgenden Skizze, die Geschichte der Institution zu schreiben. Die Angaben dienen vorrangig der Verdeutlichung der folgenden Analyse der sozialen Funktionen dieser Schulform.

2. Kapitel

Soziale Strukturen der „höheren Töchterschulen"

2.1. Geschichte und institutioneller Aufbau

Aufbau und Status der "Töchterschulen" sind dadurch geprägt, daß diese außerhalb der Verwaltungsordnung des Staates stehen. Deshalb bleiben manche Unterrichtsbedingungen und Organisationsschemata erhalten, die noch die privilegierten Schulen des 18. Jahrhunderts gekennzeichnet hatten, und die mit der Reform und Reglementierung des Gymnasiums zu Beginn des 19. Jahrhunderts aufgehoben werden[1]. Unter der Vielzahl der Schulmuster, denen "höhere Mädchenschulen" folgen, findet man bis gegen Ende des Jahrhunderts noch informelle Regelungen des Schuleintritts und der Aufnahmebedingungen in die nächsthöhere Klasse anstelle des vorherrschend gewordenen strengen Systems der Jahrgangsklassen im Preußischen Gymnasium und ein entsprechend lockeres Fachklassensystem mit unterschiedlich langen, mehrjährigen Kursen[2]. Über die 1748 gegründete Königliche Elisabethschule in Berlin wird zum Beispiel berichtet:

"Noch 50 Jahre nach ihrem Entstehen war die Organisation der Mädchenschule äußerst schwankend. Die Kinder gehörten keiner bestimmten Schul-

---

1 Die gegenwärtige schulpolitische Diskussion um die "Differenzierung" des Unterrichts zeigt den Wunsch, unter veränderten schulorganisatorischen Bedingungen - Ressourcen; Zentralisierung - die seit der Verstaatlichung der Schulen in Deutschland verlorengegangene Elastizität der Unterrichtsformen zurückzugewinnen; die Vorteile der Verstaatlichung also mit den Vorzügen der lokalen Experimentiermöglichkeit des 18. Jahrhunderts zu verbinden.
2 Vgl. z. B. Krickau (1926) S. 19; Konopka (1910) S. 10.

klasse an, sondern verschiedenen, je nach ihren Fähigkeiten. So gab es denn für gewisse Unterrichtsgegenstände 3, für andere 2, ja sogar nur eine einzige Klasse, und eine Schülerin konnte z. B. zur ersten französischen und zur zweiten Rechenklasse gehören, wenn sie für die fremde Sprache bessere Fähigkeiten besaß, als für die Rechenkunst. In anderen Gegenständen scheinen sämtliche Schülerinnen vereint gewesen zu sein; manche wurden dagegen als Privatlektionen betrachtet und besonders bezahlt. Nicht selten räumte man in der Zeit nach Hecker den Eltern das Recht ein, die Unterrichtsgegenstände, worin ihre Kinder teilnehmen sollten, selbst zu bestimmen ..."[3].

Ähnlich ist nach 1821 der Unterricht in der städtischen "höheren Mädchenschule" Magdeburgs organisiert:

"Die Aufnahme der Schülerinnen erfolgte nun in den ersten Jahrzehnten zu Michaelis und Ostern. Die Klassenpensen waren daher immer auf die halbe Zeit der Klassendauer eingerichtet, so daß die Kinder in der zweiten Hälfte ihrer Klassenzeit dasselbe noch einmal mit den neuen Schülerinnen durcharbeiten, was sie in der ersten Hälfte selbst als neue gehabt hatten. Daher waren die Pensen in den unteren Klassen auf ein halbes Jahr, in den oberen auf ein Jahr angesetzt"[4].
"Die Versetzung konnte zuerst noch so geschehen, daß eine Schülerin nur in bestimmten Fächern versetzt wurde und in anderen sitzen blieb. So fanden sich dann in den verschiedenen Klassen Kinder ganz verschiedenen Schulalters zusammen. Dazu war natürlich nötig, daß die Hauptfächer, in denen diese Teilversetzungen zulässig waren, in allen Klassen zu derselben Zeit lagen, und so war der Stundenplan denn auch eingerichtet. Manchmal war es den Mädchen nun ganz gleichgültig, wenn sie in irgend einem Fach, das ihnen nicht paßte, dauernd in der untersten Klasse hängen blieben. ... Es war andererseits nicht sehr schwer, von einem Fach ganz befreit zu werden"[5].

Die den "höheren Mädchenschulen" verweigerte staatliche Unterstützung hat zur Folge, daß deren institutioneller Ausbau und deren Kapazität hinter denen der "Höheren Schulen" zurückbleiben. "Töchterschülerinnen" gibt es während des 19. Jahrhunderts um einiges weniger als "höhere Schüler", obwohl die Gesamtzahl der Schulen für Mädchen die für Jungen übersteigt (vgl. Tabelle 1 als Beleg für Preußen)[6].

---
3 Bachmann (1893) S. 5; vgl. ferner Oltrogge (1842) S. 17 ff (für Lüneburg).
4 B. Menzel (1919) S. 13.
5 B. Menzel (1919) S. 24.
6 Die Entwicklung der "höheren Mädchenbildung" im 19. Jahrhundert ist zahlenmäßig nur unzureichend und mit Vorbehalten statistisch zu belegen, da die Statistiken der Zeit gerade auf diesem Gebiet aus mehreren Gründen Mängel aufweisen. Erstens erschwert die hohe Zahl der Privatschulen und die erst spät beginnende Statistik der preußischen Kultusverwaltung die Erfassung aller Anstalten. Zweitens bleiben die Stati-

Tabelle 1. "Höhere Schulen" und "höhere Mädchenschulen" in Preußen 1832 und 1900

	Schulen		Schüler		Lehrer	
	öff.höhere Jungenschulen	höhere Mädchenschulen[3]	m.	w.	öff.höhere Jungenschulen	höhere Mädchenschulen
1832[1]	110	342	23.524	–	1263	1278
1900[2]	626	869	159.515	126.431	–	–

Quellen: Rethwisch (1904) S. 423; Handbuch der Frauenbewegung Bd. III (1902) S. 128; Rein (1902) S. 296 f; Lexis (1904) S. 176 ff.

1 Bei Mädchenschulen = 1833.
2 Bei Mädchenschulen = 1901; die Angaben für 1900 beziehen sich auf das 1866 erweiterte preußische Staatsgebiet.
3 ohne Mittelschulen; einschließlich der Privatschulen.

Zeitgenössische Experten der Schulverwaltung schätzen, daß 1891 im Deutschen Reich auf 220 000 Schüler, die "Höhere Schulen" besuchen, 160- bis 165 000 Schülerinnen kommen, die irgendeine Art "höherer Schulbildung" - den Besuch von Pensionen im Ausland eingeschlossen - erhalten[7].

Die zahlreichen Mädchenschulen um 1832 und 1900 sind weniger Indiz für die Ausbreitung der "höheren Töchterbildung" als für den Zustand der einzelnen Schulen. Berücksichtigt man allein die 1832 besetzten Lehrerstellen, kommt man auf eine durchschnittliche Größe des Kollegiums von zwölf Lehrern an den Gymnasien gegenüber vier an den "Töchterschulen".

Der Katalog der "Institute" und "Pensionen" der Landeshauptstadt Sachsens vor 1850 (vgl. Tabelle 2) illustriert das Ausmaß der Dezentralisierung und den dadurch ermöglichten halbprivaten und exklusiven Anspruch der zeitgenössischen Mädchenbildung. Den häufig nur eine Klasse und zwei

---

stiken partiell willkürlich, da die Kriterien der Abgrenzung von Mädchenschulen zur Volksschule hin fließend sind - es fehlen verbindliche Richtlinien wenigstens bis 1894 - und zudem statistisch verschieden gehandhabt werden. Drittens sind bei Mädchenschulen häufig - im Gegensatz zum Gymnasium - Vorschulen weder institutionell noch statistisch getrennt, was die Vergleichsgrundlage schmälert.
7 Vgl. Schneider/Petersilie (1893) S. 245. Für die erste Hälfte des 19. Jahrhunderts liegen keine entsprechend begründeten Schätzungen vor.

Lehrer umfassenden Privatschulen mit insgesamt 1150 Schülerinnen steht nur eine Mädchenabteilung der öffentlichen "Allgemeinen Bürgerschule" gegenüber, die von rund 100 Mädchen besucht wird[8]. Hierbei muß berücksichtigt werden, daß Dresden mit 75 000 Einwohnern zu dieser Zeit neben Leipzig das kulturelle Leben des Landes bestimmt und deshalb die Mehrzahl der Institute, die sich um die "höhere Töchterbildung" in Sachsen bemühen, auf sich vereinigt. Aus dem hohen Prozentsatz der Pensionen läßt sich der entscheidende Anteil auswärtiger Schülerinnen ablesen[8].

Ein bestimmendes Kennzeichen der strukturellen Entwicklung der "Höheren Schulen" im 19. Jahrhundert ist die Tendenz zur Erweiterung des institutionellen Rahmens, die sich einerseits in der - bedingten - Übertragung der Berechtigungen des Gymnasiums auf konkurrierende Schulzüge wie Realgymnasium und Oberrealschule, anderseits in der Zunahme der lizensierten Schulen und der rekrutierten Schüler dokumentiert. Von 1832 bis 1900 vergrößert sich die Zahl der preußischen "Gymnasiasten" um ein Vierfaches, die *aller* "höheren Schüler" um ein Sechsfaches[9]. Die privilegierten Bildungsinstitutionen für die männliche Jugend wachsen damit etwa doppelt so schnell wie die Bevölkerung Preußens, die sich während dieser Zeit rund verdreifacht[9]. Diese Expansion hat erhebliche Rückwirkungen auf die Institution, etwa auf den Grad der Bürokratisierung, die Selektion des Lehrernachwuchses oder auf die soziale Schichtung der Schüler.

Obwohl einige der Bedingungsfaktoren, die dem institutionellen Wachstum der "höheren Jungenschulen" zugrundeliegen - etwa der erhöhte staatliche Bedarf an qualifizierten Beamten oder die Entstehung einer leitenden Angestelltenschicht in den Großbetrieben -, bei den "höheren Mädchenschulen" wegfallen, läßt sich auch bei ihnen eine vergleichbare institutionelle Erweiterung beobachten. Zum Beispiel steigt die Zahl der Lehrer von 1833 bis etwa 1900 um mehr als das

---

8 Vgl. Rost (1907) S. 34.
9 Vgl. Lexis (1904) S. 178 ff; Rassow (1965) S. 147. Bei diesen Angaben ist die norddeutsche Gebietserweiterung Preußens 1866 zu berücksichtigen.

Fünffache[10]. Wie noch zu zeigen sein wird, liefert das schnelle Wachstum der Städte und die sich daraus entwickelnde Verbreitung städtischer Lebensweise eine entscheidende sozialgeschichtliche Begründung für den Ausbau der "höheren Mädchenbildung".

Mehr noch als die Gymnasien sind die "höheren Töchterschulen" von vornherein an die Städte gebundene Institutionen[11]. Die privaten und die wenigen öffentlichen "Mädchenschulen", die zwischen 1820 und 1840 in Kleinstädten mit 5- bis 10 000 Einwohnern eröffnet werden, sind durchweg wenig leistungsfähig und zudem wirtschaftlich ständig gefährdet. Dafür sorgen die geringe, nach Alter und Vorkenntnissen stark differierende Zahl der Schülerinnen, die in ein bis drei oft unzureichenden Mietsräumen unterrichtet werden, und nicht zuletzt der permanente Wechsel des Lehrerkollegiums, das häufig neben einigen ehrenamtlichen und stundenweise tätigen Aushilfskräften nur aus einem Hauptlehrer besteht[12]. Im Verlauf des 19. Jahrhunderts vergrößert sich die ökonomische und bevölkerungsmäßige Basis für die "höheren Mädchenschulen" durch die Urbanisierung und die nachgeholte Industrialisierung Deutschlands erheblich. Von 1815 bis 1900 steigt der Anteil der Bürger, die in Gemeinden über 5 000 Einwohner leben, von 12 Prozent über 25 (1871) auf 44 Prozent der Gesamtbevölkerung, was einem absoluten Anwachsen der städtischen Bevölkerung von drei über zehn auf fünfundzwanzig Millionen entspricht[13]. Das ermöglicht Neugründungen von Mädchenschulen in den sich als städtisch konstituierenden Gemeinden. Den größten Bevölkerungsgewinn erzielen jedoch - vor allem aufgrund von Binnenwanderung - die größeren

---

10 Handbuch der Frauenbewegung IV (1902) S. 320; III (1902) S. 88. Die absoluten Zahlen lauten 1300 und 7000.
  Die wenigen verfügbaren Angaben über die Zeit vor 1870 gestatten allerdings keine weiteren annähernd genauen statistischen Belege wie bei den "höheren Jungenschulen".
11 Für 1891 verzeichnen Schneider/Petersilie (1893; S. 243) neben 201 öffentlichen höheren Mädchenschulen in Städten 5 ländliche und neben 90 städtischen öffentlichen Mittelschulen für Mädchen 2 Mittelschulen auf dem Land.
12 Vgl. z. B. Krickau (1926); Felsberg (1925).
13 Vgl. H. Haufe (1936) S. 220 f; Bolte u. a. (^{2}1965) S. 73.

Tabelle 2. Verzeichnis der i. J. 1836 bestehenden höheren Privat-Mädchenschulen (bzw. Pensionate) in Dresden

Gründungs- jahr	Gründer	Zweck u. Unterrichtsgegenstände	Klassen und Schülerinnen	Hilfslehrer und Lehrerinnen	Pensions- bezw. Schulgeld
1748	Kirchner a.d.Annenkirche	Mädchenschule	2 Abt. 20-30	–	6-8 Tlr.
1780	Sam.Gottl. Pfeilschmidt	Pens.u.Realsch. (Franz.w.Arb.)	4 Kl. 120 Kinder	4 m. L. 2 Lehrerin.	120-150 Tlr. bzw. 8-24 Tlr.
1792	Herm.Wilh. Günther	Realschule Wie unter 2	4 Kl. 150 Kinder	10 m. L. 2 w. L.	8-20 Tlr.
1794	Joh. Frdr. Fiedler	Pens.u.Realsch. Wie unter 2	5 Kl. 200 Kinder	11 m. L. 2 w. L.	Wie unter 2
1794	Johanna Christiana Klass	Mädchenschule Unterr.i.franz. i.feinen w.Arb.	3 Abt. 50 Schülerinnen	3 m. L. 2 w. L.	16-24 Tlr.
1797	Christian Pretzsch	Wie unter 2	3 Kl. 100 Kinder	3 m.3 w.L.	8-16 Tlr.
1797	Joh. Frdr. Schwäbe	Dsgl.	Dsgl.	Dsgl.	Dsgl.
1810	Mag.Karl Frdr. Wieland	Dsgl.	3 Kl.70-80 Kinder	7 m.3 w.L.	?
1820	Joh. Gottlieb Bärtsch	Mädchensch.f. Töchter d.geb. Mittelstandes (auch Zeichnen!)	4 Kl. 100-120 M.	6 m. L. 3 w. L.	8-16 Tlr.
1822	Frau Majorin von Brause	Erziehung u.Bildg. d.w. Jug. höherer Stände	8-12 Pension. 30-40 Schülerin. in 2 Kl.	4 m. L. 4 w. L. franz.Guv.	24-48 Tlr.
1823	Joh. Chr. Gebhardt	Wie unter 2	2 Kl. 120 Kinder	4 m.2 w.L.	8-16 Tlr.
1823	Wilh. Traugott Wolf	Dsgl.	Dsgl.	Dsgl.	Dsgl.
1824	Joh. Georg König	Realschule	4 Kl. 120 Kinder	7 m.4 w.L.	12-24 Tlr.

Gründungs-jahr	Gründer	Zweck u. Unterrichtsgegenstände	Klassen und Schülerinnen	Hilfslehrer und Lehrerinnen	Pensions- bezw. Schulgeld
1824	Heinr. Naake	Wie unter 9	2 Kl. 150 Schül.	3 m.2 w.L.	8-12 Tlr.
1824	Frau Rittmeister Regina von Classen	Pens.u.Lehranst. f.Töchter h.St.	4 Kl. 50 Mädchen	5 m.3 w.L.	50-300 Tlr.
1824	Fr. Sophie Kade	Mädchenschule	2 Abt.20-30 Mäd.	1 m. L.	12-16 Tlr.
1824	Frl. Sidonia Weisse	Dsgl.	20 Mädchen	1 m.1 w.L.	8-12 Tlr.
1825	Sam. Gottl. Gude	Mädchensch. u. Pension	3 Kl. 30 Mädchen	6 m.2 w.L.	200 Tlr. bezw. 16-36
1829	Luise Benoit	Pens.f.Töcht. geb. Stde.bes.z.Erl.d. Franz.	15 Mädchen	2 L.	150-200 Tlr.
1831	Joh. Christian Hohlfeldt	Mädchenschule	50 Mädchen	2 m.1 w.L.	12-16 Tlr.
1832	Carry	Mädcheninst.,vorz. z.Erl.d.franz.u. engl. Sprache	96 Mädchen	4 m.3 w.L.	50-100 Tlr.
1833	Juliane Petersen	Pens.u.Lehranst. f. Mädchen	2 Kl. 36 Mädchen	5 m.4 w.L.	16-30 Tlr.
1834	Maria Heydreich	Dsgl.	34 Mädchen	3 m.4 w.L.	25-100 Tlr.
1835	Frdr. Ernst Kalunsky	Mädchenschule	2 Kl. 30-40 Mäd.	2 m.2 w. L.	12-24 Tlr.
1835	Marg. Müller	Pens.f.Töcht.h. Stände Engl. Franz. Haushaltungswissenschaft	14 Mädchen	3 m.2 w. L.	50-200 Tlr.

Übernommen aus: Rost (1907) S. 35.

Städte und die Großstädte[14]. Das bildet die Grundlage für die Organisierung der "höheren Mädchenbildung" in größeren Institutionen, die - wie zum Beispiel die vier Berliner öffentlichen Mädchenschulen[15] - von fast 1000 Schülerinnen besucht werden können. Bei einer Reihe mehr oder weniger rasch wachsender Städte läßt sich die Entstehung dieses Schultyps aus der zunächst kleinstädtischen "Töchterschule" mit weniger als 100 Schülerinnen beobachten[16]. Parallel zur wachsenden Größe der Institutionen erhöhen sich die durchschnittliche Zahl aufsteigender Klassen pro Schule und die Länge der Schulzeit für das einzelne Mädchen. 1886 entsprechen 105 der 185 öffentlichen preußischen "höheren Mädchenschulen"[17] der 1873 von der Mädchenschulkonferenz formulierten Zielvorstellung, wonach mindestens sieben voneinander unabhängig aufsteigende Klassen vorhanden sein müssen[18]. Einen neunjährigen Studiengang, der 1894 vom Preußischen Unterrichtsministerium als Norm für die "höhere Mädchenschule" festgesetzt wird[19], vermögen 1901 5 Prozent der öffentlichen und 15 Prozent der Privatschulen noch nicht anzubieten, während umgekehrt 40 Prozent der öffentlichen gegenüber 20 Prozent der privaten Mädchenschulen sogar zehn Schuljahre vorsehen[20].

Die verstärkte Industrialisierung und Urbanisierung Deutschlands in der zweiten Jahrhunderthälfte erleichtert den Städten die Gründung öffentlicher "höherer Mädchenschulen", wodurch sich allmählich das Übergewicht der Privatschulen verringert. Seit der Jahrhundertmitte entsprechen - auf ungleichem Niveau - die Wachstumsraten der öffentlichen "höhe-

---

14 Vgl. Bolte ([2]1965) S. 73.
15 Vgl. ZfwB (Zeitschrift für weibliche Bildung in Schule und Haus. Zentralorgan für das deutsche Mädchenschulwesen) 1885. 13. S. 47 ff (Magistratsbericht 1883/4).
16 Vgl. z. B. ZfwB 1883. 11. S. 60 ff; 1884. 12. S. 37 ff, S. 503 f; 1885. 13. S. 622; 1888. 16. S. 559. H. Bergér (1920) S. 48 ff.
17 Schneider/Bremen (III; 1887) S. 598.
18 Zentralblatt (1873).
19 Zentralblatt (1894).
20 Vgl. Rethwisch (1901) S. 128 Tab. V.

ren Mädchenschulen" und der öffentlichen "Höheren Schulen" in
Preußen einander annähernd (vgl. Tabelle 3).

Tabelle 3. Vergleich der Entwicklung der öffentlichen "höheren Jungen-
und Mädchenschulen" in Preußen in der zweiten Hälfte des
19. Jahrhunderts[1]

Vergleichsjahr (Schuljahr)	höhere Jungenschulen (davon Gymnasien)	höhere Mädchen-schulen	Schüler Jungen (davon Gymn.)	Mädchen
1850	193 (118)	60[4]	–	–
1880/81[2]	490 (249)	187	–	–
1885/86	522 (259)	185 (209)[3]	131.454 (78.869)	42.726
1890/91	550 (268)	206	–	–
1900/01	626 (295)	213	159.515 (88.366)	53.558

Quellen: Für Mädchenschulen (chronolog.): Heckel (1959) S. 65; Zentralblatt (1880); Schneider/Bremen (1886); Schneider/Petersilie
(1893); Rethwisch (1904) S. 329.
Für Jungenschulen: Lexis (1904) S. 176 ff.

1 Da die statistischen Kriterien für die öffentlichen höheren Mädchenschulen nicht festgelegt sind, finden sich Widersprüche zwischen den
Daten in dieser Tabelle und den Angaben des Zentralblattes, das seit
1879 die Zahl der Schulen angibt, oder weiteren Quellen wie Wychgram
(1897) und Rein (1902).
2 Erweiterter Gebietsstand nach 1866.
3 Angaben des Zentralblattes unter Einbeziehung einiger Mittelschulen
(wie 1880) für 1885.
4 Nöldeke berechnete 1888, daß in ganz Deutschland bis 1860 104 öffentliche höhere Mädchenschulen gegründet waren (Zit. in: Handbuch III
(1902) S. 87).

Die Vorherrschaft der privaten Schulen auf dem Gebiet des
Mädchenschulwesens bleibt allerdings bis Ende des Jahrhunderts weitgehend ungebrochen. Zwar stehen die einzelnen Privatschulen größenmäßig hinter den öffentlichen Schulen zurück - woran das Bestreben, die Exklusivität zu erhalten,
wie mangelndes Grundkapital für umfangreichere Schulbauten

in gleicher Weise beteiligt sein dürften: Ein Vergleich der
durchschnittlichen Schüler- und Lehrerzahlen pro Schule
zeigt, daß 1901 13 Lehrern und 251 Schülerinnen in öffentlichen nur 10 Lehrer und 111 Schülerinnen in Privatschulen gegenüberstehen. (Erschwerend kommt hinzu, daß vier bis fünf
der Lehrer an den Privatschulen nicht voll beschäftigte
Hilfslehrer - gegenüber zwei entsprechenden Lehrern in den
Mädchenschulen - sind [21].) Dafür bestehen aber noch 1901 neben den 213 öffentlichen mit insgesamt 1901 Klassen und
53 558 Schülerinnen 656 private "höhere Mädchenschulen" mit
3767 Klassen und 72 932 Schülern [22].

2.2. *Wirksamkeit unterschiedlicher Trägergruppen*

Der Staat - wenigstens der preußische - überläßt während des
19. Jahrhunderts öffentliche "höhere Mädchenschulen" fast
vollständig der Selbstverwaltung der städtischen Kommunen:
Erst ab 1877/78 enthält der Haushaltsetat Preußens einen symbolisch zu nehmenden Titel "höhere Mädchenschulen"[23]; 1894
unterwirft das Unterrichtsministerium erstmalig die Lehrpläne einem vereinheitlichenden Reglement[24]; und erst 1908 übernehmen die Provinzialschulkollegien als die für die "Höheren
Schulen" zuständigen Schulbehörden der Provinzen die Oberaufsicht über das Mädchenschulsystem. Da aber selbst nach 1850
verhältnismäßig wenige städtische Gemeinden fähig und willens
sind, öffentliche "höhere Mädchenschulen" zu unterstützen
oder gar zu erhalten, sind Privatleute die wichtigsten Träger
der "Töchterschulen" im 19. Jahrhundert.

---

21 Berechnungen nach Lexis (1904) S. 176; 329 f. Die öffentlichen "höheren Mädchenschulen" haben damit größenmäßig durchschnittlich mit den "höheren Jungenschulen" gleichgezogen, bei denen 1901 auf 13 Lehrer 256 Schüler pro Schule kommen.
22 Vgl. Lexis (1904) S. 329 f. In Berlin sind 1902 von 16 000 Schülerinnen "höherer Mädchenschulen" 11 000 in Privatanstalten untergebracht. (Vgl. Frauenbildung. 1903. 2. S. 98).
23 Vgl. Frauenbildung (1905) IV. Jg. S. 122 f. 1902 z. B. beträgt das Verhältnis der staatlichen Aufwendungen für die weiblichen und männlichen "höheren Schulen" im Haushalt 280 000 zu 13 400 000 M. (vgl. Frauenbildung. 1902. S. 134).
24 Vgl. Zentralblatt (1894).

Wenn Schleiermacher 1826 hervorhebt, die Mädchenschulen seien ursprünglich "aus einer Vereinigung mehrerer Familien zur gemeinschaftlichen Erziehung der Töchter in gemeinsamer Lokalität"[25] entstanden, so bezeichnet er eine wichtige, nichtkommerzielle Trägergruppe. Auch nach 1850 spielen diese "Genossenschaften vemögender Väter ... zur Begründung höherer Mädchenschulen" in Preußen noch eine bedeutende Rolle[26]. Ähnliches gilt für die "höheren Töchterschulen" Baden-Württembergs bis 1870/80:

"Mit ganz wenigen Ausnahmen (... wo die Gemeinde sich der Sache annahm) waren die höheren Töchterschulen reine Privatunternehmungen von Elternvereinen. Der Elternverein wählte aus seiner Mitte einen die Geschäfte führenden Ausschuß (Elternrat). Dessen Aufgabe bestand in der Anstellung der Lehrer und Lehrerinnen, in der Genehmigung des Lehrplans, in der Aufsicht über den Schulbetrieb, endlich in der Aufbringung der nötigen Mittel und der Verfügung über die Ausgaben. In der Regel wählte der Elternrat ein mit dem Schulwesen vertrautes Mitglied (einen Geistlichen oder Lehrer einer höheren Lehranstalt) zu seinem Vorsitzenden ..."[27].

Viele Privatschulen werden jedoch nicht von den auf Selbsthilfe abzielenden Elternvereinigungen, sondern von Unternehmern und Unternehmerinnen - meistens den Vorstehern der Anstalten - mit Hilfe des teilweise erheblichen Schulgeldes privatwirtschaftlich betrieben[28]. Eine 1883 durchgeführte Enquête über das "höhere Mädchenschulwesen" Mecklenburgs gibt eine Aufschlüsselung der Schulträger, die das Gewicht der Gruppe der Privatunternehmer zu verdeutlichen vermag (vgl. Tabelle 4)[29].

Die Privatschulen bewegen sich nicht selten am Rand des finanziellen Existenzminimums[30]. Das hat nicht nur zur Folge,

---

25 Schleiermacher (1826) S. 229.
26 Vgl. Bucher (Direktor der städt. höh. Mädchenschule in Krefeld) in: ZfwB 1888. 16. S. 2; Hollweg (1928) S. 4 f. Vgl. ferner ZfwB 1884. 12. S. 302: Als die alte Hanauer Privatschule bedroht war, "bildete sich ein Verein von Vätern der Privatschülerinnen, der die Forterhaltung der Schule beschloß und eine neue Vorsteherin engagierte."
27 Desselberger (1916) S. 10.
28 Vgl. oben Tabelle 2.
29 Die städtischen "Pensionen" scheinen teilweise ein Monopol weiblicher Privatunternehmer gewesen zu sein. Vgl. T. Homberg (1861).
30 Vgl. Konopka (1910) S. 11 f; Ungelenk (1927) S. 15 f; Th. Besch (1930) S. 27, 47.

Tabelle 4. "Höhere" und "mittlere Mädchenschulen" Mecklenburgs 1883
nach Schulträgern

Öffentliche Schulen n = 13	
Darunter:	
Staatsanstalten	1
rein städtische Anstalten	9
städtisch subventionierte Anstalten	3
Privatschulen n = 59	
Darunter:	
Unternehmungen der Vorsteher	43
Unternehmungen der beteiligten Eltern	13

Quelle: Rusteberg/Wespy (Hg.) Statistik des höheren und mittleren Mädchenschulwesens beider Mecklenburg. 1883. Zit. in ZfwB 1883. 11. S. 619.
(11 der 83 erfaßten Anstalten hatten nicht geantwortet)

daß die Besoldung der Lehrer sehr knapp bemessen wird, sondern wirkt sich vor allem hinsichtlich der Raumverhältnisse aus. Da gewöhnlich kein ausreichend großes Grundkapital zur Verfügung steht, um ein eigenes Gebäude zu bauen oder zu kaufen, begnügt man sich damit, einzelne Räume zu mieten. Die unzureichende Unterbringung verurteilt die Mädchenschulen zum häufigen Wechsel der baufälligen, hygienisch unzureichenden Schullokale[31].

Selbst dort, wo die Städte als Schulträger auftreten, müssen sich die Schulen häufig finanziell weitgehend selbst tragen. Hilfe wird meistens nur bei der Beschaffung eines Miethauses für die Schule, bei der Deckung einzelner laufender Kosten - wie z. B. Heizgeld - und in Fällen gewährt, in denen Schulen kurzfristig in finanzielle Schwierigkeiten geraten sind[32].

---

31 Vgl. Ungelenk (1927) S. 14 f; Krickau (1926) S. 12 f; Konopka (1910) S. 9 f.
32 Vgl. z. B. Krickau (1926) S. 38.

2.3. Ausbildung und Zusammensetzung des Personals

Dem staatlich nicht weiter reglementierten Zustand der "höheren Mädchenschulbildung" entspricht es, daß die Lehrerschaft nach sozialer Zusammensetzung und Vorbildung inhomogen ist und sich von Schule zu Schule unterscheidet. Zwei Entwicklungstendenzen zeichnen sich während dieser Zeit ab: die Zunahme des Anteils akademisch gebildeter Lehrer und der Anstieg des Prozentsatzes der Lehrerinnen.

Sieht man vom Direktor einer Anstalt ab, so sind Seminaristen in den kleinstädtischen öffentlichen und privaten "höheren Töchterschulen" bis 1850 häufig - neben den technischen Lehrerinnen - die einzigen hauptamtlich angestellten Lehrer[33]. Nicht selten kommt es vor, daß sogar der Direktor einer Anstalt die Mädchenschule nur nebenamtlich leitet.[34]

Die soziale Lage der Lehrer an den Mädchenschulen ist im Vergleich zur Situation der Lehrer an den Jungenschulen, die über den Elementarunterricht hinausgehen, im allgemeinen schlecht. Niedrige Gehälter, fehlende Dienstrechte und ungenügende soziale Sicherheiten[35] tragen zur Entstehung charakteristischer Laufbahnmuster der "Töchterschul-Lehrer" bei. Einerseits sind diese Schulen Übergangsstellen für Kandidaten der Theologie oder für junge Lehrer, die in einer städtischen Schule unterrichten möchten - beide Gruppen suchen die Wartezeit bis zur Erlangung einer angemesseneren Anstellung durch den Unterricht an einer "höheren Mädchenschule" zu überbrücken[35]. Eine Folge ist der häufige rasche Austausch des Lehrkörpers, der den Aufbau eines kontinuierlichen Unterrichts erschwert[36]. Zum andern stellt die "höhere Mädchen-

---

33 Vgl. Felsberg (1925); Desselberger (1916) S. 9 f; Krickau (1926) S. 11 f; Konopka (1910) S. 15; Th. Besch (1930) S. 34; Blochmann (1966) S. 87 ff.
34 Vgl. z. B. Ungelenk (1927) S. 16.
35 Vgl. Krickau (1926) S. 53; Ungelenk (1926) S. 15 f; Hollweg (1928) S. 10.
36 Hollweg (1928) S. 9 ff: "Es war keine Seltenheit, daß Lehrer und Lehrerinnen nach kaum einem Jahre die Schule (die 1853 gegründete private Evangelische Höhere Töchterschule. d.Verf.) wieder verließen; wenige sind mehr als vier Jahre geblieben."

schule" in Zeiten des Lehrermangels eine Auffangstelle für die "zweite Wahl" von Bewerbern dar:

"... fühlten wir bei jeder Vakanz, daß die Wahl geeigneter Lehrer durch den Mangel einer angemessenen Stellung unserer Schulen in dem großen Schulorganismus im höchsten Grade erschwert wurde. Als nun gar die Zeit des Lehrermangels von 1866-73 dazu kam, da meldeten sich an höheren Mädchenschulen Bewerber der zweifelhaftesten Art. Man errötete beim Lesen der Zeugnisse, daß solche Leute sich für gut genug hielten, um Mädchen zu unterrichten"[37].

Vor 1850 bereitet es offensichtlich selbst bei größeren städtischen Mädchenschulen wie der Königlichen Elisabethschule in Berlin Schwierigkeiten, "geeignete Lehrer zum völligen Übertritt in die Mädchenschule zu bewegen"[38]. Von den um 1830 stattfindenden Berufungsverhandlungen für die Erste Lehrerstelle wird berichtet:

"Am schwierigsten gestalteten sich die Verhandlungen mit Ludwig Müller, dem sein Übertritt an die Mädchenschule großen Kummer verursachte, trotz aller Beruhigungen und Anerkennungen, namentlich auch seitens der Behörden. Noch 1834 beklagt er sich in einem Brief an den Direktor darüber, statt der ersten Lehrerstelle an der Realschule eine minderwertige zu erhalten, und spricht von gesunkener Berufsfreudigkeit"[39].

In kleineren privaten Mädchenschulen helfen für das höhere Lehramt befähigte Lehrer allenfalls mit einigen Unterrichtsstunden aus; vor allem wenn sie etwa dem Elternbeirat oder dem für die Mädchenschule verantwortlichen Ortsgeistlichen verbunden sind [40]. Manchmal gelingt es, Gymnasiallehrer der benachbarten "Höheren Schule" für einige Stunden in der Mädchenschule zu gewinnen[41].

Dieses Bild ändert sich erst mit der Entstehung der großstädtischen "höheren Mädchenschulen", deren Oberstufen um-

---
37 Nöldeke (1897) S. 58 f. (Nöldeke ist selbst Direktor.); vgl. ferner Desselberger (1916) S. 9.
38 Bachmann (1897) S. 50.
39 Bachmann (1897) S. 50 f.
40 Vgl. Ungelenk (1927) S. 16; Rost (1907) S. 186. In höheren Privat-Mädchenschulen Leipzigs und Dresdens finden sich noch 1903 eine Reihe entsprechender Hilfslehrkräfte. Von den 82 männlichen Lehrern (Lehrer insgesamt n = 262) sind 37 Volksschullehrer, 18 Geistliche, 6 Direktoren, 6 Gymnasialoberlehrer, 6 Realoberlehrer, 7 Gymnasialprofessoren, 2 Universitätsprofessoren. Vgl. Rost (1907) S. 186.
41 Vgl. Th. Besch (1930) S. 19.

fangreich genug für einige wissenschaftliche Planstellen
sind, während sich seminaristisch ausgebildete Lehrer und
Lehrerinnen die Unter- und Mittelstufen teilen (vgl. Tabellen 5 und 6)[42].

Tabelle 5. Ausbildungsgrad der Lehrer an öffentlichen "höheren Mädchenschulen" in Preußen (1886), Sachsen (1903) und Preußen (1908) (in Prozent)

	Preußen (1886) m.	Sachsen (1903) m.	Preußen (1908) m.	w.
Lehrbefähigung für das höhere Lehramt	27	22	16,6	6,6
Seminarist. ausgebildete Lehrer	52	64	20,8	56,0
Anderweitig ausgebildete Lehrer	21	14		
	100% n=1271	100% n=49	37,4%	62,6% n=1525

Quellen: Rost (1907) S. 186; Regensburger (1908) S. 541

Tabelle 6. Grad der Ausstattung der öffentlichen, ausgebauten "höheren Mädchenschulen" Preußens (1908) mit akademisch ausgebildeten Lehrern und Lehrerinnen (in Prozent)

Prozentsatz der akademisch ausgebildeten Lehrer an einer Schule	Prozentsatz der Schulen ohne Aufbau	mit Aufbau (sog. Selekta)
unter 10%	4,5	1,8
10 - 19%	27,3	17,8
20 - 32%	43,6	53,6
33 - 49%	21,8	21,4
50% und mehr	2,8	5,4
	100% n=110	100% n=56

Quelle: Regensburger (1908) S. 542

---

[42] Ungelenk (1927); Bachmann (1893) S. 15.

Spätestens seit den siebziger Jahren dominieren die Studienräte in der öffentlichen Diskussion um die "höhere Mädchenschule" - ebenso wie sie weitgehend die leitenden Stellungen übernommen haben[43]. Das hat zur Folge, daß die "höheren Mädchenschulen" explizit eine doppelte Orientierung erhalten. Zunächst sind die wissenschaftlichen Mädchenschullehrer am sozialen Status des Studienrats ausgerichtet und kämpfen um das berufsständische Ziel "möglichster Gleichberechtigung mit den akademisch gebildeten Lehrern höherer Knabenlehranstalten"[44]. Wie es ihrer Ausbildung entspricht, streben sie den wissenschaftlichen Fachunterricht der "Höheren Schulen" auch für die "höheren Mädchenschulen" an. Dagegen betont eine große Gruppe von Mädchenschullehrern, daß "die unterrichtliche Erziehung des weiblichen Geschlechts eine von der des männlichen ganz verschiedene sein" müsse[45]:

"sie muß ihr eigenes Prinzip haben, ihre eigne Ausgestaltung erfahren und sich vor jeder Beeinflussung seitens der für die männliche Jugend bestimmenden Lehranstalten vorsichtig hüten"[45].

Zur konfliktgeladenen Doppelorientierung an der Berufsrolle des Studienrats einerseits und am konservativ-bürgerlichen Frauenstereotyp anderseits kommen noch abweichende Erwartungen von seiten des Elternhauses. Familien, vor allem aus dem neuen Besitzbürgertum, stellen "durchweg die Forderung nach einem möglichst 'schnelltrocknenden Bildungsfirnis'"[46]. Kennzeichnend für die Spannungen zwischen diesen verschiedenen eigenen und fremden Ansprüchen der Studienräte ist die Dis-

---

[43] Zu Beginn des Schuljahres 1908/09 besitzen 93% aller Direktoren von 166 größeren städtischen Anstalten Preußens akademische und 6% seminaristische Ausbildung (1% sind Frauen). P. Regensburger (1908) S. 541.
[44] Der Herausgeber der ZfwB, Dr. Bucher, in einer Grundsatzerklärung 1888. In: ZfwB. 1888. 16. S. 5.
Die gleiche Zielsetzung verfolgt eine Eingabe an das preußische Abgeordnetenhaus 1886 (vgl. ZfwB. 1886. 14. S. 335).
[45] Aus dem Referat eines Realgymnasial- und Töchterschuldirektors auf der 9. Jahresversammlung des "rheinischen Provinzialvereins für das höhere Mädchenschulwesen". In: ZfwB. 1883. 11. S. 25.
[46] Luise Hagen ("Deutsche Mädchenbildungsideale"). In: Frauenbildung. 1902. 1. S. 356.

kussion um den neusprachlichen Unterricht an der "höheren
Mädchenschule". Einem nur der Konversation verpflichteten
Französischunterricht, der in den privaten "Töchterschulen"
- ungeachtet seiner Tabuierung seit Einrichtung des Preußischen Gymnasiums - im 19. Jahrhundert noch lange gepflegt
worden war, stellen die Studienräte philologische Sprachstudien entgegen[47]. Damit erwecken sie den Widerstand der
Eltern und geraten in Widerspruch zur eigenen Ideologie,
nach der konversierende Fertigkeiten bürgerlicher Damen hoch
einzuschätzen sind:

"Das Elternhaus sieht in der Parlierfähigkeit für die nächsten Lebensverhältnisse, man darf sagen, meist den höchsten Beweis der Schulleistungen. Lassen wir ihm diese Meinung, die wir weit von uns weisen. Doch
bis zu gewissem Grade können die Eltern diese Befähigung ihrer Töchter
tatsächlich von der Schule verlangen ..."[48].

Die ambivalente Haltung der Mädchenschullehrer zur gesellschaftlichen Stellung der "höheren Mädchenschule" wiederholt
sich in ihrer Einstellung zu den weiblichen Kollegen. Während sie den Unterricht der Lehrerinnen prinzipiell begrüßen, da er die Andersartigkeit der Schulen gegenüber "höheren Jungenschulen" unterstreicht, suchen sie daneben die
Zahl und den Einfluß der Lehrerinnen gering zu halten. Hinter der Ablehnung der Lehrerinnen steht das konkrete Motiv
der Mädchen-Oberlehrer, zugunsten des Sozialprestiges des
eigenen Berufs und der Erhaltung der Berufschancen Frauen
wenigstens vom Unterricht an der Oberstufe und von der Leitung der Schulen auszuschließen. Die berufsständische Frontstellung wird dadurch verschärft, daß die Lehrerinnen diese
Positionen seit etwa 1870 nicht mehr kampflos den Männern
zu überlassen gewillt sind. Sie fordern statt dessen "eine
Mädchenschule unter Frauenleitung und ausschlaggebendem

---

47 Vgl. z. B. die Diskussionen in der ZfwB. 1883. 11. S. 173 ff; 1885.
   13. S. 173 ff, S. 290 ff, S. 416 ff; 1888. 16. S. 276 ff u. a.
48 Direktor Dr. Werth (Potsdam) ("Zur Gestaltung des fremdsprachlichen
   Unterrichts in der höheren Mädchenschule"). In: Frauenbildung. 1905.
   4. S. 175.

Fraueneinfluß in Unterricht und Erziehung unter Mitwirkung männlicher Lehrkräfte"[49].

Zu Beginn des 19. Jahrhunderts ist die Mitwirkung der Frauen am Unterricht der "höheren Töchterschulen" noch gering. Sie beschränkt sich häufig auf die Hilfsfunktionen von "pädagogischen Anstandsdamen", "Aufseherinnen" oder "Gouvernanten", die am Unterricht der Lehrer teilzunehmen und über die Disziplin der Kinder zu wachen haben[50]. Daneben gibt es einige wenige technische und Elementarschul-Lehrerinnen. Noch 1865 erklärt man im Jahresbericht der evangelischen Gouvernantenschule in Droyssig nachdrücklich:

"Die weibliche Lehr- und Erziehungstätigkeit wird natürlich nur ein *ergänzendes* Glied auf dem Gesamtgebiet der Unterweisung bleiben und auch hier das Bibelwort von der 'Gehilfin des Mannes' bewähren"[51].

In der folgenden Zeit erhält der Beruf der Lehrerin eine soziale Schlüsselstellung für die Entstehung bürgerlicher "Frauenarbeit" und bürgerlicher "Frauenbewegung". Er bleibt praktisch bis Ende des Jahrhunderts das einzige als "standesgemäß" beurteilte Arbeitsfeld für unverheiratete und unversorgte Töchter der ärmeren "höheren Stände"[52]. Das erste erfolgreiche Eindringen bürgerlicher Frauen in eine männliche Berufsposition wird durch den zunehmenden Lehrermangel in Volks- und Mädchenschulen, die Suche der Unterrichtsverwaltung nach anspruchsloser und billigen Arbeitskräften und durch die – wegen der Familiennähe des Berufs – verringerten ideologischen Barrieren begünstigt[53]. Das zahlenmäßige Ge-

---

49 Handbuch der Frauenbewegung (1902) Bd. III. S. 112/S. 115 ff. Vgl. Meyn-von Westenholz (1936).
50 Vgl. G. Bäumer (1914) S. 162 f; Besch (1930) S. 22, 57.
51 Zit. nach Meyn-von Westenholz (1936) S. 125.
52 Vgl. G. Bäumer (1914) S. 162. Typische soziale Gruppen, aus denen sich Lehrerinnen 1800 rekrutieren, sind die Familien der Lehrer, Landpfarrer oder verarmte Adelsfamilien.
53 Vgl. Handbuch der Frauenbewegung (1902) Bd. III. S. 98 f. In Preußen wächst die Zahl der Lehrerinnen aller Kategorien rasch an: Sie beträgt 1827 = 705, 1861 = 7366 und 1896 = 14 600. Vgl. L. Braun (1901) S. 117, 178; Handbuch der Frauenbewegung (1902) Bd. IV. S. 320. 1900 unterscheiden sich Lehrer- und Lehrerinnenseminare erheblich nach sozialer Herkunft der Schüler. Während in Sachsen die Seminaristen vorwiegend Söhne von Volksschullehrern, mittleren und unteren

wicht der Lehrerinnen in den "höheren Mädchenschulen" wächst
entsprechend von 35 Prozent im Jahr 1833 auf fast 60 Prozent
um 1900 (vgl. Tabellen 7 und 8). Die soziale Lage der Lehrerinnen bleibt allerdings bis zur Jahrhundertwende schlechter
als die der Lehrer. Ursprünglich hängt das mit den fehlenden
formellen Berufsqualifikationen der Schulfräulein zusammen[54].
Als später private und städtische Lehrerinnenseminare entstehen, werden sie derart eingerichtet, daß die Frauen eine
Qualifikation minderen Ranges erhalten, die zum Unterricht
in einigen Gebieten der Unter- und Mittelstufe zwar ausreicht, die ausbildungsmäßige und wirtschaftliche Unterlegenheit der Lehrerinnen gegenüber den seminaristisch ausgebildeten Lehrern aber nicht in Frage stellt[55].

Beamten, Gutsbesitzern, Handwerksmeistern, kleinbürgerlichen selbständigen Kaufleuten, Handlungsgehilfen u. ä. sind, finden sich bei
den Seminaristinnen Töchter von Unterrichtsprofessoren, Reichsgerichtsräten und anderen Juristen, höheren Verwaltungsbeamten, Ärzten,
Offizieren, Geistlichen, Fabrikbesitzern, Rittersgutbesitzern, Apothekern u. a. (Vgl. Rost (1907) S. 329 ff.)
Dieser Unterschied erklärt sich einerseits aus der differierenden
sozialen Funktion des Volks- und Mädchenschullehrerberufs für Frauen
und Männer. Für letztere ist er häufig eine Etappe eines sich auf
mehrere Generationen erstreckenden sozialen Aufstiegs, während er
für erstere die - fast - standesgemäße Lebenssicherung von Töchtern
"höherer Stände" bedeutet. Daneben haben die Lehrerinnenseminare im
19. Jahrhundert vor Aufkommen der Universitätsbildung für Frauen häufig die Funktion, den Mädchen eine über die "höhere Mädchenschule"
hinausführende *allgemeine* Bildung zu vermitteln. (Vgl. Rost (1907)
S. 329 ff; Wychgram (1897) S. 373 ff.)
Diese unterschiedliche soziale Zusammensetzung der Volksschullehrer
nach Geschlecht und die unterschiedliche Funktion des Berufs für die
soziale Mobilität der beiden Gruppen läßt sich bis zur Gegenwart hin
beobachten.
54 Vgl. z. B. Krickau (1926) S. 45 f.
55 Vgl. zur Regelung der Ausbildung: Handbuch der Frauenbewegung (1902)
III. S. 89 f, 100 ff; Wychgram (1897) S. 368 ff; Lexis (1904)
S. 282 ff. Zur wirtschaftlichen Lage der Lehrerinnen: Handbuch der
Frauenbewegung (1902) IV. S. 323 f; L. Braun (1901) S. 182 ff.

Tabelle 7. Lehrer und Lehrerinnen an den öffentlichen und privaten Mädchenschulen Preußens 1833 und 1896

	Lehrer 1833[1]	Lehrer 1896[2]	Lehrerinnen 1833[1]	Lehrerinnen 1896[2]	Prozentanteil der Lehrerinnen 1833	Prozentanteil der Lehrerinnen 1896
öffentliche "höhere Mädchenschulen"	} 538	~ 2000	} 289	~ 1000	} 35%	33% } 57%
Privat-Mädchenschulen		~ 1000		~ 3000		75%

Quellen: Handb. der Frauenbew. (1902) IV S. 320;
Handb. der Frauenbew. (1902) III S. 88.

1 Nur hauptamtlich angestellte Lehrer. Mit den nebenamtlichen Lehrern unterrichteten 1833 insgesamt 1278 Lehrkräfte.
2 Die Zahlen für die Privat-Mädchenschulen beziehen sich auf 1901/02.

Tabelle 8. Häufigkeit verschiedener Prozentanteile männlicher Lehrer an öffentlichen, ausgebauten höheren Mädchenschulen Preußens 1908

Prozentsatz der männlichen Lehrkräfte an einer Schule	Zahl der Schulen mit dem entsprechenden Prozentsatz männlicher Lehrer
unter 10%	4 = 3%
10 - 19%	3 = 2%
20 - 32%	25 = 15%
33 - 49%	98 = 59%
50% und mehr	35 = 21%
	n=166 =100%

Quelle: Regensburger (1908) S. 542

2.4. Soziale Herkunft der Besucher

Während das pädagogische Personal der "höheren Mädchenschulen", das in divergierende soziale Gruppen zerfällt, inhomogener als das des zentralistisch verwalteten Gymnasiums ist, erweisen sich umgekehrt die soziale Herkunft und der Status der Schülerinnen von "höheren Mädchenschulen" als bedeutend einheitlicher. Zeitgenössische Schulfachleute sind sich einig darüber, daß die "Töchterschulen" "für Unterweisung und Bildung der Töchter der höheren Stände" sorgen [56]. Man bedient sich, um den sozialen Status der Schülerinnen zu kennzeichnen, geläufiger Formeln wie:

"gebildete Stände der Stadt und umliegenden Umgebung"[57];
"höherer Bürger- und Beamtenstand"[58];
"mittlere und höhere Stände"[59] oder
"wohlhabende und gebildete Klassen"[60].

Es ist schwer auszumachen, wieweit die Begriffsstereotype synonym gebraucht werden, da konkrete Angaben spärlich sind. Ein Vertreter des preußischen Unterrichtsministeriums umreißt 1890 die gesellschaftlichen Kreise, "welche den Wunsch, ja welche das Recht und die Pflicht zu dem Wunsche" haben müßten, ihre Töchter eine "höhere Mädchenschule" besuchen zu lassen, als Familien von Verwaltungsbeamten, Ärzten, Richtern, Predigern und Angehörigen des höheren Bürgerstandes[61].
Unterschiede in der Sozialstruktur der Schülerschaft resultieren aus der Zusammensetzung der gesellschaftlich führenden Schichten in den einzelnen Gemeinden und aus der Stellung der einzelnen "höheren Töchterschule" innerhalb

---

56 Prälat Dr. v. Müller (Katharinenstift Stuttgart) nach: ZfwB. 1883. 11. S. 61.
57 Chr. A. Heyse (Nordhausen; 1808) nach: ZfwB. 1883. 11. S. 549. Vgl. Blochmann (1966) S. 105; Herrmann (1878) S. 46.
58 Schmidt/Lange (1884) S. 564.
59 Dr. Reber (Vorsitzender des bayr. Zweigvereins der Mädchenschullehrer) nach: ZfwB. 1883. 11. S. 305.
60 Chr. v. Dohms (Goslar; 1804), zit. in: Blochmann (1966) S. 107.
61 Geheimer Oberregierungsrat Schneider (bei einer Verhandlung der Unterrichtskommission des preuß. Abgeordnetenhauses), zit. in: ZfwB. 1890. 18. S. 195 f.

der örtlichen Schulhierarchie. Für das ganze 19. Jahrhundert gilt, daß der soziale Rang der Schülerinnen in "Privat-Töchterschulen" höher als der in öffentlichen "höheren Mädchenschulen" ist, da "bessere Familien im allgemeinen geneigter sind, ihr Kind einer Privatschule anzuvertrauen, als einer öffentlichen höheren Mädchenschule"[62]. Die öffentlichen Institutionen unterscheiden sich nach dem Grad, in dem es ihnen gelingt, die gesellschaftliche Exklusivität der Privatschulen zu erreichen. Aus der Zeit der Gründung einer städtischen Schule in Gießen um 1840 wird berichtet[63], daß trotz der Konkurrenz mehrerer "Privatinstitute" die Töchter von

Buchdruckereibesitzern, Tabakfabrikanten, Hofbuchhändlern, Buchhändlern, Fabrikanten, Hofgerichtsadvokaten, Realschuldirektoren, Gymnasialdirektoren, Gymnasiallehrern, Professoren der Theologie, Rentnern, Physikussen, Advokaten

die zunächst kleine Anstalt besuchen. Dagegen wird die 1804 eröffnete Leipziger Mädchen-Bürgerschule in der Gründungszeit überwiegend von

Handwerkern, Staats- und Gemeindebeamten, Kaufleuten, fachmännischen Angestellten, Landwirten, Fabrikanten, Militärs, Juristen, Ärzten, Schankwirten und Künstlern[64]

für die Töchter ausgewählt. Vor allem die Spitzenschichten des Besitzbürgertums bevorzugen die Leipziger Privat-Mädcheninstitute[65].

Aufschluß über den Widerstand, den "höhere" soziale Kreise öffentlichen Mädchenschulen entgegenbringen, die sich nach unten zu weit dem Kleinbürgertum oder sogar der (Fach-)Arbeiterschaft öffnen, vermittelt die Geschichte der Königlichen Elisabethschule in Berlin. Die 1748 von Julius Hecker neben der Realschule gegründete Anstalt soll ursprünglich "dem Lernbedürfnis der Töchter von königlichen Beamten, Pre-

---

62 Der Berliner Abgeordnete Dr. Irmer in der Abgeordnetenhaussitzung vom 21.11.1904. (Zit. nach Frauenbildung. 1905. 4. S. 84.)
63 Bergér (1920). S. 17.
64 Rost (1907) S. 44.
65 Rost (1907) S. 44.

digern und anderen angesehenen Bürgern gerecht werden, für
die der bisherige rein elementare Unterricht nicht mehr ausreiche"[66]. Dieses Ziel wird zunächst nicht erreicht:

"... und zwar lag dies an einem Vorurteil der Eltern der besseren Stände. Das außerordentlich geringe Schulgeld, das wöchentlich nur wenige
Groschen betrug, sowie die vielen Freistellen führten der jungen Anstalt
eine große Zahl von Kindern niederer Stände zu, die zwar dem Stifter der
Anstalt, seinen menschenfreundlichen Grundsätzen gemäß, willkommen waren, die aber das bessere Publikum abschreckten. Wer zu diesem gezählt
zu werden wünschte, zog es vor, seine Töchter einer Privatschule zu
übergeben, wo sie zwar mindestens einen Thaler monatlich zahlten, dafür
aber auch vor jeder Berührung mit rohen und unfeinen Elementen bewahrt
blieben"[67].

Die Schwierigkeiten der Schule werden in späteren Jahren
noch dadurch größer, daß sie "die Verpflichtung hatte, die
Kinder der niederen Arbeitsklasse der hiesigen königlichen
Porzellan-Manufaktur aufzunehmen, für die die Kasse jenes
Instituts ein sehr mäßiges Schulgeld entrichtete"[68]. Erst
unter dem 1821 neu eingesetzten Direktor August Gottlieb
Spilleke gelingt es, die von den sozial privilegierten Familien verlangte Exklusivität der Anstalt und damit ihre Existenz zu sichern:

"Es mag entschuldbar erscheinen, wenn ein Mann wie Spilleke, in dessen
Seele ein wesentlich anderes, höheres Bild einer Mädchenschule lebte,
eine zeitlang dem Gedanken nachgab, den er gegen seine Freunde wiederholt aussprach, daß es das Beste sein möchte, dieses kranke Glied von
dem gemeinsamen Stamme der drei Anstalten abzutrennen, die Töchterschule
ganz aufzugeben. Da aber stellte einer der Freunde, der Geheime Archivrat Koehne, beim Ministerium den Antrag, die Töchterschule von ihrer
Verpflichtung gegen den Arbeiterstand zu entbinden, und da die hohe Behörde diesem Antrage stattgab, wurde die Hauptschwierigkeit einer heilsamen und fruchtbaren Reorganisation der Mädchenschule aus dem Wege geräumt, und Spilleke gab sich von nun an der Aufgabe mit ganzer Seele
hin, die von den hemmenden und trübenden Elementen gereinigte Anstalt zu
heben"[69].

---

66 Bachmann (1893) S. 4.
67 Bachmann (1893) S. 4.
68 Bachmann (1893) S. 7.
69 Bachmann (1893) S. 7. Diese und die vorangegangenen Aussagen besitzen
   gleichzeitig einen gewissen Stellenwert für die spätere Geschichte
   dieser Schule, da der Autor Bachmann zur Zeit der Abfassung seiner
   Schulgeschichte Direktor der Anstalt ist.

Präzisere statistische Angaben über die soziale Zusammensetzung der Schülerschaft "höherer Mädchenschulen" liegen erst aus der Zeit um 1900 vor. In Sachsen besitzen danach private und öffentliche "höhere Mädchenschulen" ein gemeinsames soziales Rekrutierungsfeld, das sich aus folgenden Berufen zusammensetzt:

Apothekenbesitzer, Architekten, Ärzte, Baumeister, Buchdruckereibesitzer, Buchhändler, Fabrikanten, Fabrikdirektoren, Gymnasiallehrer, Hauptleute, Ingenieure, selbständige Kaufleute, Pfarrer, Privatleute, Prokuristen, Rechtsanwälte, Volksschullehrer[70].

69 Prozent der Mädchen in den privaten und 63 Prozent der Mädchen in den öffentlichen Schulen haben Väter mit entsprechenden Berufen. Der Unterschied der Institutionen zeigt sich in den Berufsgruppen, die nur in einer der beiden Schulen eine Rolle spielen. Das sind bei den höheren Privatschulen

Agenten, Bankiers, Gutsbesitzer, Kaufmännische Direktoren, Rittergutsbesitzer, Universitätsprofessoren, Zahnärzte;

bei den öffentlichen Anstalten

Bauräte, Chemiker, Hotelbesitzer, Landgerichtsräte, Majore, Oberlehrer, Reichsgerichtsräte, Stadträte.

Die erste Berufsgruppe umfaßt 9 Prozent aller Privatschülerinnen und 1 Prozent aller städtischen Schülerinnen. Die zweite 2 Prozent der Privat- und 6 Prozent der städtischen Schülerinnen. Entsprechend der Wahl privater Mädchenschulen lassen sich zwei berufsspezifische Muster unterscheiden. In einigen "sozialen Kreisen" - denen der Fabrikbesitzer, Ärzte, Gutsbesitzer, Gymnasiallehrer, Buchhändler, Prokuristen und Hauptleute - schickt man die Töchter zwar überwiegend, aber nicht ausschließlich auf Privatschulen. Dagegen meiden Universitätsprofessoren, Bankiers, höhere Militärs und Justizbeamte praktisch ausnahmslos die öffentlichen Schulen[71].

---

70 Vgl. hierzu und zum folgenden Rost (1907) S. 170-177.
  Die Kapazität der privaten und der öffentlichen Mädchenschulen in Sachsen ist 1905 annähernd gleich groß (je 1800 Schülerinnen).
71 Im ersten Fall zu zwei Dritteln, im zweiten zu 90 und mehr Prozent.

Im Zusammenhang mit der Urbanisierung Deutschlands im 19. Jahrhundert vergrößert sich die Rekrutierungsbasis für alle "höheren Mädchenschulen". Die unter dem Druck nachrückender, die städtische Lebensweise übernehmender Sozialschichten vollzogene Öffnung der exklusiven "Töchterschulen" nach 1860 läßt sich zwar nicht in ihrem Ausmaß exakt beschreiben, ist aber gut zu belegen. Einen Hinweis auf diese Entwicklung geben die rasch ansteigenden Schülerzahlen; einen weiteren erhält man durch die zeitgenössische Polemik gegen "Überbildung" und Aufweichung der ständischen Schranken, die auch auf das Gebiet der Mädchenschule übergegriffen haben:

"Allmählich aber, als immer größere Scharen von jungen Mädchen herbeiströmten, um dieses zweischneidigen Gutes der höheren Mädchenbildung teilhaftig zu werden, stellte sich ein gewisses Unbehagen ein"[72].

Das Unbehagen resultiert aus dem Eindringen der "Töchter reichgewordener Männer"[72] und daraus, daß "selbst die kleineren Bürger und Beamten" beginnen, "ihre Kinder in die höheren Töchterschulen" zu schicken[73]. Ein "übergroßer Andrang aus dem kleinen Bürger- und Mittelstande" habe aber - so der Abgeordnete Dr. Peters 1885 im Preußischen Abgeordnetenhaus - "in sozialer Beziehung seine Bedenken"[74]. Ein Vertreter des Vereins höherer Mädchenschullehrer führt 1888 zu dieser Gefahr aus:

"und stets wird heute noch jede höhere Mädchenschule Elemente in sich enthalten, die aus Lebenskreisen stammen, für welche die zehnstufige Mädchenschule ihre Ziele viel zu hoch steckt. Es ist eben das Streben, die Kinder über den eigenen Stand zu erheben, so achtens- und schätzenswert an und für sich, in seiner krankhaften Übertreibung für Mädchenschulen, und zwar da noch viel gefahrdrohender als in Knabenschulen vorhanden"[75].

In der Praxis übernehmen die - 1873 in einer Konferenz im Preußischen Unterrichtsministerium definierte - Unterschei-

---

72 Luise Hagen in: Frauenbildung. 1902. 1. S. 356.
73 Janke (1873) S. 37.
74 ZfwB. 1885. 13. S. 233.
75 ZfwB. 1888. 16. S. 624.

dung zwischen höheren und mittleren Mädchenschulen, denen die "höheren Lebenskreise" bzw. der "Mittelstand" zugeordnet sein sollen[76], und der verbreitete vorzeitige Abgang von den "höheren Mädchenschulen" die gewünschten sozialselektiven Funktionen, die der Öffnung des Mädchenschulsystems entgegenwirken[77].

Im Vergleich zu den "höheren Jungenschulen" tragen alle "höheren Mädchenschulen" den besonders stark ausgeprägten Charakter von Standesschulen:

"Mehr als bei den Knaben war bisher bei den Mädchen für die Verteilung auf die verschiedenen Schulen die Herkunft maßgebend"[78].

Die "höhere Mädchenschule" wird von den Lehrern und Direktoren und von der preußischen Unterrichtsverwaltung als eine ständische Einrichtung definiert, "die ihre erste Entstehung weniger einem unterrichtlichen als einem gesellschaftlichen Bedürfnisse" verdanke[79] und sich wegen "ihrer besonderen durch die Familienangehörigkeit der Zöglinge bedingten Aufgabe" von mittleren und niederen Schulen unterscheide[80]. Der Hauptzweck dieser "höheren" Schulen ist es nicht, so wird betont, "höhere", das heißt fortgeschrittene Lernziele zu

---

76 Zentralblatt (1873); Schmidt/Lange (1884) S. 574.
  In gut organisierten städtischen Schulsystemen gibt es Mittel- oder Bürgerschulen für Mädchen neben höheren Mädchenschulen bereits in der ersten Jahrhunderthälfte. Vgl. z. B. Menzel (1919) (Magdeburg 1819). Vgl. ferner Pläne für eine Mädchen-Mittelschule mit ständischer Begründung in Celle um 1830 (Th. Besch (1930) S. 25).
77 Vgl. z. B. B. Menzel (1919) S. 14.
  Nach einer Erhebung des Vereins höherer Mädchenschullehrer (1886/87) erreichten in Deutschland in der zehnstufigen Mädchenschule noch nicht einmal die Hälfte der aufgenommenen Schülerinnen den Abschluß (ZfwB. 1888. 16. S. 624).
  Stadtschulrat Dr. Franke errechnete für Magdeburg (1902), daß an den neunstufigen "höheren Mädchenschulen" der Stadt etwa 87% der Schulanfänger die dritte, 64% die zweite und 56% die erste, oberste KLasse erreichten (Frauenbildung. 1902. 1. S. 515). Neben dem Leistungsdruck mag das häufig von Klasse zu Klasse ansteigende Schulgeld (vgl. Rost (1907) S. 212 f) eine gewisse Wirkung gezeigt haben. Vgl. Herrmann (1878) S. 49 ff.
78 F. Cauer (1920) S. 111.
79 Schneider/Bremen (1886) S. 560.
80 Zentralblatt (188)) S. 362. ("Ressortverhältnisse der höheren Mädchenschulen" (1887)).

vermitteln. Vielmehr müsse bestimmten Sozialschichten die Gelegenheit gegeben werden, ihre Töchter abzusondern, um sie in standesgemäßer Umgebung aufwachsen lassen zu können[81].

"... das unschuldige Wörtchen 'höhere' in der Benennung dieser Schule ... soll ... aber keineswegs eine Hochschule oder Universität für Mädchen bezeichnen, sondern nur andeuten, daß in dieser Schule eine Bildung gegeben wird, wie sie nur höhere Stände gebrauchen"[82].

Die Aufgabe der Absonderung kann naturgemäß von den Privatschulen besser erfüllt werden als von städtischen "höheren Mädchenschulen", da eine kleine Zahl aufgenommener Schülerinnen, hohes Schulgeld[83] und die Möglichkeiten, die Schülerinnen nach Schichtzugehörigkeit bewußt auszusuchen, eine gewisse Exklusivität sichern helfen. Wie ein Vergleich des durchschnittlich verlangten Schulgeldes in öffentlichen preußischen Mittelschulen und entsprechenden "höheren Mädchenschulen" zeigen kann, verfolgt man auch in den öffentlichen Mädchenschulen das Prinzip der sozialen Selektion durch das Schulgeld stärker als bei den Jungen (vgl. Grafik 1)[84].

---

81 Vgl. Cauer (1920) S. 111.
82 Konsistorialrat Zerrenner (Schulinspektor der Stadt Magdeburg u. Mitbegründer der städt. höh. Mädchenschule) 1825. Zit. in: B. Menzel (1919) S. 15.
Vgl. ferner Dr. Bruns, der in der gleichen Zeit den Status der Mindener Anstalt, deren Leiter er war, durch die Herkunft der Schülerinnen begründet. Vgl. Krickau (1926).
83 Um 1900 verlangen die öffentlichen "höheren Mädchenschulen" in Sachsen zwischen 96 und 144 Mark Schulgeld jährlich; die Privat-Töchterschulen dagegen 100 bis 200 Mark. Vgl. Rost (1907) S. 212 f.
84 Vgl. ferner die Berechnungen von Schneider/Petersilie (1893) S. 250/ 268:
Die Stelleneinkommen der vollbeschäftigten Lehrer werden in Preußen durch Schulgeld aufgebracht bei
Knaben-Mittelschulen zu 72%,
Mädchen-Mittelschulen zu 79%,
Mädchenschulen, höheren, zu 89%.
Pro Kopf der Bevölkerung werden 1891 an Steuergeldern ausgegeben:
für einen Schüler der höheren Lehranstalten = 1,05 Mark;
für eine Schülerin der höheren Mädchenschulen = 0,18 Mark.

Grafik 1. Prozentsatz der preußischen Mittelschulen und höheren Mädchenschulen, deren Schulgeld – nach dem jährlichen Höchstbetrag geordnet – unter einem bestimmten Markbetrag liegt (1893)

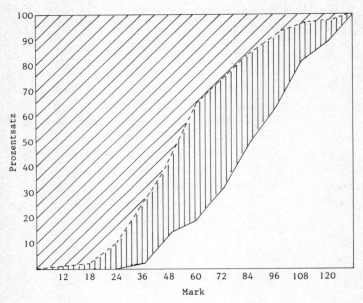

Zeichenerklärung:

‒‒‒‒‒‒‒‒‒ = öffentliche Mittelschulen
─────── = öffentliche höhere Mädchenschulen

Quelle: Schneider/Petersilie (1893) S. 250 f (Anhang E, Anlage I a + b)

2.5. *Privatunterricht und Pensionat als ergänzende Einrichtungen*

Wenn die vierzehn- bis sechzehnjährigen "höheren Töchter" nach acht, neun oder zehn Schuljahren die Mädchenschule verlassen, haben sie sich vor allem mit französischer und deutscher Sprache und Literatur befaßt. Nach einer Umfrage aus dem Jahr 1885 entfallen 16 beziehungsweise 15 Prozent aller gegebenen Unterrichtsstunden einer höheren Mädchenschule auf Französisch beziehungsweise Deutsch. Während der Rechenunterricht mit 8 Prozent wenigstens noch in gleichem Maß wie Nadelarbeit, Religion und Englisch stundenplanmäßig berücksichtigt wird, spielt "Naturkunde" bereits kaum mehr eine Rolle [85].

Nach Abschluß der Mädchenschule, der in evangelischen Ländern entweder mit der Konfirmation zusammenfällt oder - vor allem in der zweiten Hälfte des Jahrhunderts - ein bis zwei Jahre danach erfolgt [86], gibt es für diejenigen sozialen Kreise, "deren Leben nicht unmittelbar hart in den Kampf um das Dasein verflochten" ist und die "eines gesicherten Einkommens sich in ruhiger Behaglichkeit erfreuen" können[87], mehrere gängige Wege, um die "höhere Bildung" ihrer Töchter zu vervollständigen. Ein häufig gewählter Weg ist der Privatunterricht, den die Mädchen allein oder in kleinen Gruppen erhalten. Man versucht zum Beispiel hierdurch, den literarisch-philologischen Sprachunterricht durch Übung der Sprache zu ergänzen:

"Man engagiert also im besten Falle eine Französin, vielleicht auch eine Engländerin. Vier bis fünf junge Mädchen vereinigen sich, um die sogenannte Konversationsstunde zu nehmen. ... Es wird viel, sehr viel Deutsch, daneben auch wohl Französisch oder Englisch gesprochen. Die Unterhaltung dreht sich um das letzte Theaterstück, den letzten Ball, die neuesten Moden... Nach Verlauf eines Jahres werden die Stunden gewöhnlich abgebrochen ..."[88].

---

85 Vgl. ZfwB. 1885. 13. S. 541 ff. (Die Auswahl der Untersuchung repräsentiert 23 "höhere Mädchenschulen".)
Die Durchschnittswerte verdecken allerdings die großen Unterschiede zwischen den einzelnen Schulen.
Ein entsprechendes Bild ergibt die Auszählung der fachdidaktischen Artikel, die zwischen 1873 und 1887 im Verbandsorgan der deutschen Mädchenschullehrer (Zeitschrift für weibliche Bildung) erscheinen: Von insgesamt 177 Artikeln beziehen sich 50 auf Deutsch und 41 auf neuere Sprachen; danach folgen Erörterungen über Geschichte (21) und Kunst(geschichte) (18!). Dagegen: 9 Artikel beziehen sich auf den naturwissenschaftlichen Unterricht, einer auf Rechnen. (Vgl. ZfwB. 1887. 15. S. 268 ff. Auszählung des Verfassers.)
86 Vgl. B. Menzel (1919).
87 Vgl. hierzu und zum folgenden E. Förster (ZfwB. 1884. 12. S. 465 ff (Zitat auf S. 465). Das folgende"Durchschnittsbild" wird von E. Förster in karikierender Absicht entworfen.
88 ZfwB. 1884. 12. S. 467.

Häufiger noch sind es Musikstunden, seltener Anweisungen im Blumenmalen, die "höhere Töchter" in dieser Form erhalten:

"... wirft man sich mit Passion auf die Klavier- und Gesangstunde. Es werden zwei bis drei Stunden mindestens täglich auf die Musik verwendet; ob ein diesem Zeitaufwande entsprechendes Talent vorhanden, das ist gleichgültig; Musik muß man treiben;, ja, für sie werden sogar von den Eltern auf mehrere Jahre teure Lehrer bewilligt"[89].

Der Tagesablauf dieser Gruppe junger Mädchen aus den sozial privilegierten Schichten sieht nach Abschluß der "höheren Mädchenschule" wie folgt aus:

"Fassen wir das Gesagte kurz zusammen, so ergibt sich uns das Resultat, daß unsere jungen Mädchen einen großen Teil ihrer Zeit mit Klavierspielen, Blumenmalen, Schneidern und dem ganz oberflächlichen Betreiben fremder Sprachen zubringen, den Rest des Tages aber mit Besuchen, Gesellschaften und, wenn es hoch kommt, dem Lesen eines Romans ausfüllen"[90].

Daneben gibt es ein zweites Muster der erweiterten Bildung, das stärker institutionalisierte Formen des Unterrichts einschließt. Für eine kleine Gruppe von Mädchen erfüllen Lehrerinnenseminare, die meistens als Aufbauklassen "höheren Mädchenschulen" angeschlossen sind, die Funktion einer nicht als Berufsvorbereitung gemeinten Weiterbildung. Gewichtiger aber sind die vielen familienartigen Pensionen, die von den Mädchen für ein oder höchstens zwei Jahre besucht werden[91]. In diesen "Schnellbleichen" werden "in abgekürztem Verfahren" die Kenntnisse der Mädchen vor allem in deutscher Literatur, Mythologie, Französisch, Geschichte, Erdkunde und Religion ergänzt[92]. Die Notwendigkeit hierzu ergibt sich daraus, daß bis in die achtziger Jahre hinein viele "höhere Mädchenschulen" noch wenig ausgebaut sind oder, falls sie ausgebaut sind, eine Reihe von Mädchen vorzeitig entlassen wird, worauf oben bereits hingewiesen wurde. Darüber hinaus haben

---

89 ZfwB. 1884. 12. S. 467 ff.
90 ZfwB. 1884. 12. S. 468.
91 Vgl. Wilhelmine Geissler (1907); ferner Tinette Homberg (1861), deren eigene Krefelder Anstalt Mädchen im Alter von 13-17 für 1 bis 1 1/2 Jahre besuchen. Die Zahl der Schülerinnen soll dabei 16 nicht überschreiten (S. 235 ff).
92 Vgl. Desselberger (1916) S. 14; T. Homberg (1861) S. 274 f.

"höhere Töchter" in ländlichen Gegenden oder in Kleinstädten häufig keine Gelegenheit, eine "höhere Mädchenschule" zu besuchen[93]. Für die katholischen Provinzen Preußens wird noch 1873 folgender Ausbildungsgang einer "Tochter" als charakteristisch beschrieben:

"Der Gang dieser Erziehung ist nun in der Regel folgender. Das Mädchen bleibt bis zu seinem sechsten oder siebenten Jahre in der engeren Obhut der Mutter, dann besucht es bis zu seiner ersten heil. Communion die Elementarschule oder erhält Unterricht im Hause. Damit ist die eigentliche Erziehung vollendet, und es beginnt nun der äußere Schliff und die Politur, welche man ihm in einem geistlichen oder weltlichen Pensionate geben läßt. Gewöhnlich dauert diese feinere Ausbildung zwei Jahre und nun tritt das Mädchen, jetzt "Fräulein" genannt, in die Welt. Ein Ball oder eine größere Theegesellschaft wird von den Müttern für die geeignetste Gelegenheit gehalten, um diese Einführung zu bewerkstelligen. Wenn es hoch kommt, lernt das Fräulein jetzt noch in einem Gasthofe kochen und bei irgend einer Wäscherin bügeln"[94].

Mehrere Typen von "Pensionaten" lassen sich nach dem Schwerpunkt des Unterrichts unterscheiden[95]. Neben den "Pensionaten", deren Arbeit vor allem die Lehrfächer der Mädchenschulen zugrundeliegen[96], dominiert bis etwa 1870 das "sprachlich-ästhetische Pensionat", in dem praktische Sprachfertigkeiten und gesellschaftliche Formen gepflegt werden. Noch um 1900 schicken "viele Eltern, namentlich aus den kleineren Städten, ihre Töchter gern in die französische Schweiz in der Meinung, daß sie von dort nach einem Jahr als vollendete junge Damen mit fließender Beherrschung des Französischen zurückkehren würden"[97]. Seit den siebziger Jahren werden verstärkt "Haushaltungspensionate" gegründet, in deren Unterricht man sich um die Ausbildung in Kochen, Haushaltsführung und Handarbeiten bemüht, während man die Fortbildung in den Stoffen der Schulfächer nur am Rande betreibt[98].

Darin kommt die zunehmende Funktionsteilung zwischen "Pensionaten" und "höheren Mädchenschulen" zum Ausdruck, da

---
93 Vgl. ZfwB. 1887. 15. S. 201 f.
94 Herchenbach (1873) S. 84.
95 Vgl. Zimmer (1906).
96 Vgl. T. Homberg (1861).
97 Zimmer (1906) S. 434.
98 Zimmer (1906) S. 435.

mit voranschreitendem Ausbau der letzteren die ursprüngliche Aufgabe der "Pensionate", den Besuch einer Mädchenschule zu ersetzen, entfällt[99]. Eine andere, den Eltern wie den Vorstehern der "Pensionate" bewußte soziale Funktion der Anstalten, nämlich die Ablösung der Mädchen vom Elternhaus und die Sozialisation der Erwachsenenrollen in Gruppen von Gleichaltrigen[100], bleibt erhalten, bis nach der Jahrhundertwende den Mädchen der privilegierten Sozialschichten die akademischen Ausbildungswege erschlossen werden. Der Gründer der "Zimmerschen Töchterheime" in Berlin beschreibt 1906 in entsprechender Weise die Aufgaben der "Pensionate":

"In Wirklichkeit ist das Pensionsjahr für die jungen Mädchen gebildeter Stände in mehr als einer Hinsicht das, was für die Söhne aus den gleichen Kreisen die Universitätszeit ist - sollte wenigstens das Gleiche sein -, und zugleich das, was für junge Mädchen aus tieferstehenden sozialen Kreisen ihre Dienstzeit bedeutet. Die Hauptsache ist, daß die jungen Mädchen ohne den Rückhalt des Elternhauses, und doch im Schutz einer familienartigen Gemeinschaft selbständig werden lernen und sich im Verkehr mit Gleichstrebenden ausgleichen, sich gegenseitig erziehen und zugleich, wie der studentische Ausdruck ist, sich gegenseitig abschleifen"[101].

---

99 Kurz vor der Jahrhundertwende können sich "wissenschaftliche"Pensionate anscheinend nur noch halten, wenn sie hauswirtschaftliche Ausbildung in den Lehrplan aufnehmen. Vgl. Zimmer (1906) S. 435.
100 Vgl. W. Geissler (1907), die vom schwierigen "Wechsel zwischen den bloßen Lernjahren und der beginnenden Zeit des Schaffens, des Selbständigwerdens" spricht, der es erforderlich mache, dem Kind das Gefühl zu geben, "daß es auf eine andere Stufe tritt" (S. 333).
101 Zimmer (1906) S. 433.

3. Kapitel

Soziale Funktionen der „höheren Mädchenbildung"

Es ist naheliegend, aus dem Aufbau und dem Ausmaß des Aufbaus einer institutionalisierten "höheren Mädchenbildung" im 19. Jahrhundert direkt auf das Gewicht der Interessen und Bedürfnisse, die zu dieser Entwicklung beitrugen, rückzuschließen. Dieser Maßstab erlaubt die Aussage, daß Interessen und Bedürfnisse zur Errichtung von "höheren Mädchenschulen" zwar in erheblichem Umfang wirksam sind, aber im Vergleich zu denen, die zur Gründung von "höheren Schulen" für die männliche Jugend führen, relativ wenig Gewicht besessen haben müssen: Die "höheren Töchterschulen" und "Pensionate" sind weniger ausgebaut, erfassen weniger Schüler, stecken sich geringere Lernziele und sind auf erheblich weniger Jahre Unterrichtszeit berechnet.

3.1. Die Entwicklung der "höheren Mädchenschule" als Ergebnis der Sozialisationsschwäche der bürgerlichen Familie

Um die Faktoren, die die Durchsetzung der "höheren Töchterschulen" gegen den erklärten Widerstand konservativer Gruppen begünstigen, konkreter bestimmen zu können, geht man am besten von der fast selbstverständlichen Aussage aus, daß Schulen sich als Ort eines systematischen außerhäuslichen Gruppenunterrichts von Kindern erst dann durchsetzen, wenn Familien nicht mehr willens und fähig sind, die Heranwachsenden befriedigend aus dem Rollensystem des Kindes in das des Erwachsenen zu überführen. Nach den Analysen von Eisen-

stadt (1956) treten diese Sozialisationsschwächen und
-schwierigkeiten der Familie vor allem in Gesellschaften auf,
in denen dem Bereich familiärer Kleingruppenbeziehungen, auf
den die Erfahrungen der Kinder beschränkt bleiben, nur geringe Bedeutung gegenüber strukturell andersartigen gesellschaftlichen Bereichen zukommt. Wenn diese gesellschaftlichen Bedingungen vorliegen, wird die komplizierte Aufgabe der Sozialisation der über die Kinderrolle hinausgehenden und sich von
dieser unterscheidenden Normen, Werte und Fertigkeiten der
Erwachsenenrollen mit Hilfe von sozialen Beziehungen innerhalb altershomogener Gruppen geleistet. Neben Gruppierungsformen, die spontan von den Heranwachsenden selbst initiiert
werden, fällt dabei den von der Erwachsenengeneration geschaffenen und erzwungenen Institutionen des Ausbildungssektors die Schlüsselrolle zu.

Die Bedingungen für die Entstehung von Schulen sind in
der europäischen Geschichte mit dem Verfall der ökonomischen
Funktionen des Familiensystems gegeben, der sich parallel
zur Entwicklung des Kapitalismus vollzieht und der durch die
Verlagerung der Produktion in die außerhäusliche Manufaktur
und Industrie sowie den Abbau von familialen Macht- und Entscheidungskompetenzen, die monopolistisch vom Staat übernommen werden, gekennzeichnet ist[1].

Unterricht wird zunächst in *den* Bereichen in Form von
"Ämterschulen" institutionalisiert, in denen sich die gesellschaftliche Arbeitsteilung zuerst auswirkt: bei der Kirche, im Gelehrtenwesen, beim Militär und im Umkreis der
staatlichen Verwaltung[2]. Die wachsende Diskrepanz zwischen
den Rollen des Kindes und des Erwachsenen beschränkt sich in
der ersten Zeit nur auf Gruppen, die Zugang zu diesen Institutionen und Positionen haben. Das sind innerhalb der gesellschaftlichen Hierarchie die privilegierten Sozialschichten und innerhalb der Geschlechterhierarchie die Männer. Die
Erwachsenenrollen der Frauen bleiben auch innerhalb *der* Gruppen des Bürgertums und des Adels, deren Leben nicht mehr

---
1 Vgl. Zinnecker (1972, Einleitung).
2 Vgl. W. Roessler (1961).

durch den ökonomischen und sozialen Rahmen des "oikos" definiert ist, an die Bedingungen des Hauses und der Familie gebunden. Das läßt den Schluß zu, daß die Sozialisation der Frauen selbst aus privilegierten Schichten im 19. Jahrhundert möglicherweise noch nicht derartig komplex und langwierig ist, daß systematische Hilfen in Form schulischer Unterweisung unumgänglich gewesen wären.

Dieser Behauptung steht aber nicht nur die Existenz von "höheren Mädchenschulen" und "Pensionaten" und die intensive Nachfrage der Eltern nach diesen Institutionen entgegen, sondern auch die Flut von Broschüren und Schriften zur "höheren" Mädchenbildung, besonders der schulischen[3], die sich seit 1800 über das Deutsche Reich ergießt. Das Phänomen läßt sich gut erklären, wenn man die allgemeine Hypothese Eisenstadts (1956), daß die Notwendigkeit altershomogener Gruppen und damit der Schulen als Sozialisationsinstanzen mit strukturellen Bedingungen "universalistischer" Gesellschaften - Divergenz der Rollenanforderungen in Primären und Sekundären Institutionen - zusammenhängt, mit Hilfe einer weiteren Annahme etwas expliziert. Danach trifft die Sozialisationsschwäche der Familie nicht nur *die* Gruppen der Heranwachsenden, denen tatsächlich als Erwachsenen ein von der Kinderrolle stark abweichendes Rollenverhalten abverlangt wird, sondern verallgemeinert sich tendenziell auch auf Gesellschaftsmitglieder, deren gruppenspezifischer Lebensspielraum sich noch überwiegend auf prä-universalistische Strukturen beschränkt. Letzteres kennzeichnet die soziale Lage der bürgerlichen Frauen im 19. Jahrhundert. Die Notwendigkeit der partiellen Anpassung der weiblichen Sozialisation an die der Männer innerhalb bestimmter privilegierter Gruppen ergibt sich vordringlich aus zwei Faktoren. Der eine läßt sich als eine Art Rückwirkungs-Mechanismus beschreiben; dem anderen liegt die qualitative Veränderung des "ganzen Hauses" zugrunde.

---

[3] Vgl. das Verzeichnis dieser Literatur seit 1790 in Sveistrup/Zahn-Harnack (1934).

Der Mechanismus der Rückwirkung ergibt sich aus dem Umstand, daß die geschlechtsspezifischen Erwachsenenrollen innerhalb der gleichen sozialen Subkultur nicht nur als unterschiedlich, sondern bis zu einem gewissen Grad auch als komplementär festgelegt sind. Das ist im Zusammenleben der beiden Geschlechter innerhalb mehrerer Institutionen begründet: Ebenso wie sie als "Vater" und "Mutter" oder als "Gatte" und "Gattin" notwendigerweise aufeinander bezogen sind, hängen sie in den Rollen des "Herrn" und der "Dame" in der festlichen Öffentlichkeit voneinander ab. Der ansteigende Standard der außerhäuslichen Ausbildung - besonders der "allgemeinen" des Mannes im 19. Jahrhundert muß deshalb Rückwirkungen auf die Mädchenbildung zeitigen. Den Zeitgenossen ist die Bedeutung dieses Zusammenhangs durchaus bewußt. Unter den - patriarchalisch gedachten - Rechtfertigungen für die Existenz einer "höheren Mädchenbildung" greift man wiederholt auf das Argument zurück, die Mädchen müßten so weit gebildet sein, daß sie in der Lage seien, im häuslichen Bereich die Gedanken ihrer gebildeten Männer verständig aufzunehmen und bei gesellschaftlichen Anlässen die angeschnittenen Themen zu einer sinnvollen Konversation zu verknüpfen[4].

Die Institutionalisierung einer außerhäuslichen "höheren Mädchenbildung" ist daneben aber Resultat des Verfalls des "ganzen Hauses" und dessen Folgen, die bewirken, daß die bürgerlichen Familien des 19. Jahrhunderts auch die Sozialisation der erwachsenen Frauenrollen nicht mehr zu leisten vermögen. Man muß sich dazu vergegenwärtigen, daß die wichtigste Erziehungsleistung innerhalb des "oikos" darin bestand, den Kindern durch die nachahmende, *konkrete* Identifizierung mit den Erwachsenenrollen die Einübung entsprechender adäquater Verhaltensweisen im Modell zu gestatten. Mit

---

[4] "Aus dem Verhältnisse der Gattin zum Manne und durch diesen zu dem öffentlichen Leben folgt, daß dieselbe eine standesgemäße oder eine Bildung erhalten müsse, welche der Stellung und der Bildung des Mannes entspricht, oder mit anderen Worten: daß der weiblichen allgemeinen Bildung ein solcher Umfang zu geben sei, wie der Stand und das damit verbundene bestimmte Bildungsbedürfniß es fordert." (Herrmann (1878) S. 45).
Vgl. hierzu auch die Analyse der "Spiegelbildung" im 2. Teil.

der Verlegung eines Hauptteils des männlichen Rollensystems in außerhäusliche Institutionen bleibt den Jungen nur noch die allgemeine Identifizierungsmöglichkeit in Form der antizipatorischen Orientierung am Sozialstatus des Mannes. Dieser Vorgang vollzieht sich bei den Mädchen zwar keineswegs in gleich starker Weise, da die Verhaltensweisen der Mutter und der - an Bedeutung und Zahl allerdings abnehmenden - anderen weiblichen Mitglieder des Haushalts als Identifizierungsobjekt tauglich bleiben. Sie sind teilweise weiterhin einsichtig und können konkret imitiert werden. Aber auch hier sind sozialgeschichtlich Mechanismen wirksam, die die weiblichen Rollenmodelle entwerten. Die zunehmende "Unsichtbarkeit"[5] der Erwachsenenrollen ist nämlich nicht nur eine Folge der räumlichen, zeitlichen und personellen Differenzierung der Institutionen und der daraus abgeleiteten Entstehung "öffentlicher" Rollen. Der Nachahmbarkeit des Verhaltens von Erwachsenen wirken vielmehr auch Veränderungen in der Struktur der sozialen Beziehungen in den Feudalklassen und im Bürgertum und Veränderungen des entsprechenden klassenspezifischen Sozialcharakters entgegen. Der Prozeß der "Zivilisierung" des Verhaltens, der, von den adeligen Gruppen ausgehend, allmählich vom Bürgertum nachvollzogen wird, läßt sich anhand der beiden psychologischen Mechanismen der Rationalisierung und der Verdrängung bestimmen. Dabei werden viele vorher allgemein übliche Verhaltensweisen und jedermann zugängliche Verhaltensbereiche wie Sexualität oder körperliche Aggression aus den öffentlichen Rollenbeziehungen zurückgenommen[6]. Dieses Verhalten wird als privates für den Bereich der Innerlichkeit ("Intimbereich") reserviert und folglich der Beobachtung entzogen - oder gänzlich verdrängt. Innerhalb der Familie hat die Aufteilung der sozialen Beziehungen in private und öffentliche zur Folge, daß das Kind von vielen Verhaltensbereichen der Eltern innerhalb des Hauses ausgeschlossen wird, die ihm früher erreichbar waren.

5 V. d. Berg (1960) S. 45 f.
6 Vgl. N. Elias (1939) Bd. II. S. 369-409; V. d. Berg (1960).

Die soziale und psychische "Schottierung" des Lebens und des Sozialcharakters in den ökonomisch und politisch herrschenden Klassen findet ihre Entsprechung im Vordringen eines zunehmend rationalisierten Rollenverhaltens, das sich, von den Höfen ausgehend, in den städtischen Zentren verbreitet[7]. Kennzeichen dieser Rationalisierung sind: Der planmäßige Aufbau von Rollenattributen und -kulissen für die Umwelt; die manipulative Distanz zum eigenen Rollen"spiel", die im Extremfall als Selbstentfremdung erlebt wird; die Strukturierung der zeitlichen Folge von Handlungsketten durch einen minutiös geplanten Tagesablauf und einen umfangreichen Terminkalender; und schließlich die Verlängerung des handlungsrelevanten Wahrnehmungsfeldes in die Zukunft hinein durch den Aufschub unmittelbarer Befriedigung momentaner Bedürfnisse[8]. Die Rationalisierung bildet ihrerseits eine der Bedingungen für die Entwicklung von distanzierten, metapraktischen Orientierungen und formalisierten Zeichensystemen[9], die den Kindern ebenso schwer zugänglich sind wie das rationalisierte Rollenverhalten selbst.

Zu diesen Schwierigkeiten der Sozialisation, die beide Geschlechter gleich stark treffen, kommt noch eine dritte, die sich aufgrund der stärkeren Emanzipation des bürgerlichen Mannes des 18. und 19. Jahrhunderts vom "ganzen Haus" zunächst allerdings vorwiegend auf die Überführung der Jungen in die Erwachsenenrollen auswirkt. Durch die wachsende Verflechtung des Bürgers in eine Vielzahl differierender Institutionen löst sich für ihn der einheitliche Bezugsrahmen der Orientierung, den die traditionale Ordnung des alten "oikos" bot, auf. Das hat zur Folge, daß jeder männliche Erwachsene vor dem Dilemma steht, divergierende Einstellungs-

---

7 Vgl. Elias (1939) Bd. II. S. 312 ff.
8 Vgl. Elias (1939) Bd. I u. II; vgl. ferner die Beschreibung des entwickelten rationalisierten Rollenverhaltens der Gegenwart bei Goffman (1959 u. a.).
Spuren prä-rationalisierten Verhaltens finden sich heute z. T. noch im Sozialcharakter des Arbeiters und des Kleinbauern.
9 Vgl. G. Simmel (1957).

und Handlungssysteme in sein Leben integrieren zu müssen, ohne dabei die persönliche Identität zu verlieren[10].

Die beschriebenen Faktoren haben zur Folge, daß die Distanz zwischen den Altersrollen des Erwachsenen und des Kindes wächst. Die Entdeckung und Betonung des "Kindgemäßen" am Kind im 18. Jahrhundert, als deren bekanntestes literarisches Zeugnis man Rousseaus "Emile" nennen kann, reflektiert sozialgeschichtlich den Zeitpunkt, wo die ältere Erziehungsvorstellung vom Kind als "kleinem Erwachsenen" - was eine Forcierung der Gemeinsamkeiten der Rollen bedeutete - umschlägt in eine dezidierte Abschirmung der kindlichen Welt von der bürgerlichen Gesellschaft[11]. Da die Kindheit vom 18. Jahrhundert an zunehmend als sozialer Wartestand mit großem Eigenspielraum und eingeschränkten Sozialisationsfunktionen definiert wird, verschiebt sich die Einübung in die Erwachsenenrollen auf eine nachfolgende Phase. Das notwendige Pendant zur Entstehung des "kindgemäßen" Kindes ist die Entwicklung einer neuen Altersrolle: der des Jugendlichen.

Es ist charakteristisch für das geringe gesellschaftliche Gewicht der bürgerlichen Frauenrolle und die verhinderte Loslösung der bürgerlichen Frau vom zerfallenden "ganzen Haus", daß die Altersrolle des Jugendlichen im 18. und 19. Jahrhundert für den männlichen Heranwachsenden ungleich mehr soziale Relevanz als für den weiblichen gewinnt. Nimmt man als Maß für das Eigengewicht des Jugendalters die Anzahl der außerhäuslichen Gruppierungsmöglichkeiten der Jugendlichen untereinander, so zeigt sich, daß der von der Erwachsenengeneration geduldete oder gelenkte institutionelle Spielraum für die Mädchen erheblich mehr eingeschränkt ist als für die Jungen.

Noch im 18. Jahrhundert besitzen die Töchter des Adels und des Bürgertums praktisch kein gesondertes, jugendeigenes Handlungsfeld[12]. Mit zwölf bis dreizehn Jahren gelten die

---

10 Vgl. V. d. Berg (1960) ("Polyvalenz").
11 Vgl. Elias (1939) Bd. I. S. 230 ff; V. d. Berg (1960) 2. Kap.
12 Vgl. zum folgenden Touaillon (1919) S. 34-56.

Mädchen als erwachsen und nehmen an der Erwachsenengesellschaft teil; mit fünfzehn bis sechzehn Jahren werden sie verheiratet, sofern es sich einrichten läßt - "aber auch Ehen Dreizehnjähriger gelten nicht als außerordentlich"[13]. Bis zur Heirat unterliegen die Mädchen der strengsten häuslichen Kontrolle: Sie dürfen zum Beispiel nicht reisen, kein Theater und Konzert besuchen und nicht einmal allein über die Straße gehen. Der unvermittelte Übergang in die Erwachsenenrolle wird durch eine Kindheit vorbereitet, die ganz auf die Übernahme des Verhaltensmodells der erwachsenen Dame zugeschnitten ist:

"Die Kleidung des kleinen Mädchens war die der erwachsenen Frau und verbot jede freie Bewegung und jedes kindliche Spiel ... Sobald das Mädchen die allerersten Jahre zurückgelegt hatte, mußte es sich die gesellschaftlichen Umgangsformen der Zeit aneignen. 'In dem fünften Jahre meines Alters', berichtete eine Schriftstellerin jener Zeit, 'lehrte man mich, mich gerade zu halten, schön sich verbeugen, das halbe Gelenk des Armes an den Leib anschließen und mir die Hände in einer ungezwungenen Bewegung zu erhalten, die Hände der ganzen Verwandtschaft zu küssen und manierlich zu sein'"[14].

In der bürgerlichen Literatur fehlen bis etwa 1800 Hinweise auf eine weibliche Jugendrolle. Erst danach wird die Existenz des Mädchens von einigen wenigen Autoren als Problem mit eigener Dignität entdeckt[15]. Die im 19. Jahrhundert gegründeten "höheren Töchterschulen" und "Pensionate" können als die ersten Institutionen angesehen werden, die Gruppen gleichaltriger Mädchen einen außerhäuslichen Handlungsspielraum bieten. Das gibt noch einmal eine Erklärung für den oben beschriebenen heftigen und zugleich furchtsamen Widerstand konservativer Gruppen, denen es um die Erhaltung des "ganzen Hauses" zu tun ist, gegen jeden Mädchenunterricht außerhalb des Hauses; vor allem aber liefert es einen Beleg für den schmalen, reglementierten Raum, innerhalb dessen Grenzen die bürgerlichen Mädchen im 19. Jahrhundert heranwachsen müssen.

---
13 Touaillon (1919) S. 53.
14 Touaillon (1919) S. 48.
15 Vgl. Kluckhohn (1921) S. 499, wo vor allem Schleiermacher und Kleist hervorgehoben werden.

Demgegenüber vergrößern sich für die männliche adelige und bürgerliche Jugend seit Mitte des 18. Jahrhunderts die Möglichkeiten, sich selbständig mit Gleichaltrigen zu solidarischen Gruppen zusammenzuschließen. Die Erwachsenengeneration trägt dazu durch den Ausbau der Gelehrtenschulen – später der Gymnasien – und der Universitäten bei. Die älteren Jugendlichen bestimmen darüber hinaus einen Teil des auf die literarische Öffentlichkeit bezogenen Marktes als Schriftsteller, Künstler und als Publikum[16]. Während die Gesellschaft die Inhalte und Formen der Jugendkultur bei den bürgerlichen Mädchen noch weitgehend wie in der traditionalistischen Gesellschaft entsprechend den eigenen Wertmustern festlegt und kontrolliert, entwickelt die männliche Jugendkultur eine soziale Eigendynamik, die den Rahmen des bloßen Konformismus mit dem Tradierten sprengt[17]. Eine der sozialen Funktionen dieser subjektiven, kritisch-distanzierten Aneignung der Erwachsenenrolle ist die Entwicklung eines durch verinnerlichte Normen und Leistungsgrundsätze gekennzeichneten "innengeleiteten" Individualismus beim einzelnen Jugendlichen, der diesem gestattet, sich selbständig in der bürgerlich-kapitalistischen Gesellschaft zu behaupten[18].

Für die bürgerlichen Mädchen scheidet die Vorbereitung des Jugendlichen auf das leistungsgerechte Erwachsenenverhalten weitgehend aus. Der Frau ist es im Gegensatz zum Mann im 19. Jahrhundert grundsätzlich nicht möglich, durch eigene Leistung vollwertiger erwachsener Bürger zu werden. Da ihr die hierzu nötige Berufstätigkeit verschlossen bleibt, ist sie auf die Vermittlung eines Mannes angewiesen, um diesen Status zu erlangen[19]. Entsprechend dieser Praxis beharrt wenigstens die bürgerlich-konservative Pädagogik der Zeit auf der grundlegenden Verschiedenheit von weiblicher und männlicher Sozialisation. Während man für die männliche Ju-

---

16 Vgl. H.H. Muchow (1962) (Erster Teil); W. Hornstein (1965).
17 Vgl. W. Hornstein (1965).
18 Vgl. Tenbruck (1961) S. 82 ff; W. Hornstein (1965) S. 198.
19 Die "ledige Jungfer" besitzt keine vollwertige Qualifikation als Erwachsene, was sich etwa in ihrer abhängigen Stellung als Tante in der Familie dokumentiert.

gend den Freiheits- und Erprobungsspielraum in altershomogenen Gruppen außerhalb der Familie als konstitutiv anerkennt, weil zur Ausübung der öffentlichen Rollen des bürgerlichen Mannes eine gewisse Selbständigkeit des Denkens und Handelns nötig ist, soll die weibliche Jugend möglichst nicht aus der sozialen "Isolierung" und "Behütung" in der Familie entlassen werden[20]. Mit dem geringeren Freiheitsspielraum der erwachsenen bürgerlichen Frau wird begründet, daß man

"auf die Unschuld einen größeren Wert legt bei Mädchen als Knaben. Mädchen sollen zum Bewußtsein erst kommen, wo sie wieder bildend auftreten. In Knaben muß es eher geweckt werden, weil mit der Unschuld weder ein wissenschaftliches noch ein herrschendes Leben verträglich ist, also auch nicht eine nähere Vorbereitung zu beiden"[21].

Offen oder versteckt gehen konservative Vorstellungen von der Mädchenerziehung im 19. Jahrhundert vom Modell einer weiblichen Sozialisation aus, in dem die Einführung in die Erwachsenenrolle der Frau unter Ausschluß des Einflusses altersgleicher Bezugsgruppen allein von der Herkunftsfamilie und vom geheirateten Mann geleistet wird[22].

---

20 Schleiermacher (1957) S. 73.
21 Schleiermacher (1957) S. 382.
22 Die "Einweihung" in bestimmte tabuierte Bereiche wie z. B. die Sexualität soll sogar nur dem künftigen Ehemann vorbehalten bleiben. Vgl. Raumer (1853) S. 72.
Aufschlußreich sind die Bestrebungen, den öffentlichen Mädchenschulen den Charakter des Öffentlichen und einer Gruppierung Gleichaltriger zu nehmen, indem man sie am Modell der Familienerziehung ausrichtet: "... nahm H. bei Einrichtungen und Bestimmungen für die Schule (in Mühlhausen; d.Verf.) sich das Haus mit seinem Familienleben zum Vorbilde. Es sollten in der Schule wie im Hause Väter und Mütter walten und das Schulleben sollte sich zu einem erweiterten Familienleben gestalten." (Herrmann (1878) S. 30).

3.2. "Höhere Mädchenbildung" als Statussymbol und als Ausdruck des Mobilitätsstrebens bürgerlicher Familien

Die Durchsetzung der "höheren Töchterschule" im 19. Jahrhundert wird neben der Sozialisationsschwäche der bürgerlichen Familie noch durch einen Faktor begünstigt, der aus der verstärkten Dynamisierung des ständischen Familiensystems resultiert. Die Familien der privilegierten Klassen sehen – darauf wurde oben bereits hingewiesen – den Wert der "höheren Mädchenschule" darin, daß sie ihnen ermöglicht, den Unterricht der Töchter räumlich und personenmäßig vom "einfachen Volk" getrennt zu halten. Diese ständische Aufgabe der Schule erhält ihre Bedeutung erst durch die Funktion der Schulbildung als Statussymbol für die städtischen bürgerlichen Familien. Der wachsende Statuswert der Schulbildung hängt mit der Durchsetzung eines – wenigstens latent wirkenden – permanenten Mobilitätsstrebens in den neuen städtischen Gruppen bis hin zum Kleinbürgertum zusammen, in dessen Folge die traditionellen Indizes des Sozialstatus umorganisiert werden[23].

In der ländlich-kleinstädtischen Ständegesellschaft bot die statische Fixierung der sozialen Stellung einzelner und ganzer Gruppen kaum Anlässe für eine Aktualisierung von Mobilitätsbestrebungen. Um die feststehenden Statusdifferenzen zwischen den wenigen Handelnden innerhalb der Gemeinden zu markieren, genügten einige ritualisierte Indikatoren, die zudem nicht in jeder Situation betont zu werden brauchten.

Das ändert sich mit der starken Binnenwanderung und der Verlagerung des gesellschaftlichen Lebens in die Großstädte. Die neuen bürgerlichen Stadtbewohner erfahren den höheren Lebensstandard in der Stadt und die hinzugewonnene räumliche und arbeitsmäßige Beweglichkeit als soziale Mobilität. Gleichzeitig aber stehen sie aufgrund der unüberschaubaren und anonymen Sozialstruktur der Großstadt vor dem Problem, den bewußtseinsmäßig erlebten Statusaufstieg nach außen in

---

23 Vgl. zum folgenden G. Mackenroth (1953) S. 395 ff; ferner E. Egner (1964) S. 68 ff.

angemessener Weise zu demonstrieren. Beides fördert die permanente Aktualisierung des Mobilitätsstrebens und den Aufbau einer kontinuierlichen Aufwandkulisse - etwa in der Kleidung, den Transportmitteln oder in der Wohngegend - als Zurschaustellung des eigenen Statusanspruchs. Ein zeitgenössischer Sozialkritiker klagt 1873, daß zur neuesten Zeit hin

"vor Allem aus dem Leben in den großen Städten für das ganze Land schwere Gefahren emporwachsen. Überall findet man ein Trachten und Jagen nach Geld und Genuß, Luxus und Vergnügen. Um Ansehen zu erlangen, bemüht man sich nach außen hin reich zu erscheinen, und das Bestreben, äußerlich über seine materiellen Verhältnisse hinauszugehen, wird immer verbreiteter"[24].

Um als deutliches Zeichen wirken zu können, wird diese Kulisse zunehmend normiert. Die nur vom Reichtum, also vom Erfolg der Bürger im kapitalistischen Wirtschaftssystem abhängigen Statuskriterien begünstigen eine harte Aufwandkonkurrenz, die sich an den jeweils am besten gestellten bürgerlichen Familien einer sozialen Rangstufe orientiert.

Die "höhere" Schulbildung der Kinder wird zu einer der unerläßlichen und sozial hoch bewerteten bürgerlichen Aufwandnormen. Angesichts dieser sozialen Funktionen der "höheren Töchterschulen" und der "Pensionate" als Statussymbole wird erklärlich, daß während des ganzen 19. Jahrhunderts die teuren und exklusiven privaten Mädchenschulen oder die ausländischen "Pensionate" gegenüber den öffentlichen Mädchenschulen und dem inländischen Pensionatsjahr bevorzugt werden - auch wenn die Qualität des Unterrichts nicht selten bei letzteren besser gewesen sein dürfte. Gleichfalls erhält das hartnäckig festgehaltene Stereotyp, Klavierspielen, Zeichnen und Konversieren in Fremdsprachen sei unverzichtbarer Bestandteil der Ausbildung einer Tochter zur gesellschaftsfähigen Dame, einen Stellenwert als standardisierte Aufwandnorm des Bürgertums. Schließlich belegt das von den Mädchenschulpädagogen immer wieder getadelte Bestreben des kleinen städtischen Bürgertums, die Töchter die gleiche "höhere Mädchenschule" besuchen zu lassen, die auch von den Honoratio-

---

24 Janke (1873) S. 3.

ren gewählt wird, die Orientierung des Ausmaßes des Aufwands an den ranghöchsten Familien einer sozialen Schicht.

Der Unterschied in den sozialen Funktionen der "höheren Töchterschule" und der "höheren Schule" beruht darauf, daß der Schule für die männliche Jugend neben der ständischen Funktion noch eine leistungsmäßige als Ort der Auslese und Ausbildung eines qualifizierten Nachwuchses für wirtschaftliche und staatliche Positionen zukommt. Man kann die gesellschaftlichen Aufgaben des Preußischen Gymnasiums im 19. Jahrhundert als Ergebnis eines politischen Kompromisses zwischen der Idee einer ständischen und der einer leistungsorientierten Schule beschreiben. Die Einbeziehung des Leistungsmoments in das Schulsystem - eine bereits im 18. Jahrhundert von der bürgerlichen pädagogischen Öffentlichkeit vorgebrachte Forderung[25] - wird politisch durch den nationalstaatlichen Zusammenbruch Preußens 1806 und durch den zeitweiligen schulpolitischen Einfluß einer Gruppe führender liberaler Beamter ermöglicht[26]. Im Gegensatz etwa zu England, dessen Schulsystem *nach* dem ersten Schub der Industrialisierung Ende des 19. Jahrhunderts staatlich ausgebaut wird und die vorfindlichen Herrschafts- und Klassenstrukturen verfestigen hilft, entwickelt man in Preußen das staatliche Schulsystem zeitlich früher, um die erst angestrebte Industrialisierung voranzutreiben[27]. Die Schule soll die Funktions- und Expansionsfähigkeit der Verwaltung und der Wirtschaft durch die Qualität der Schulausbildung und durch die Förderung einer kleinen Gruppe begabter Kinder aus den "Unterschichten" verbessern helfen. Damit wird ein gewisser Grad an sozialer

---

25 Der radikalste Vertreter dieser Vorstellung ist in Deutschland J.Z.H. Hahn (1800): "Sind sie (die Schüler; d. Verf.) hier und durch weitere Fortbildung zu ihrer gehörigen Reife gelangt: dann hat der Staat es auf sich, sie auch, ohne Rücksicht auf Geburt und Herkommen, an den Posten (und wären sie die höchsten) anzustellen, wohin sie von Gott und Rechts wegen, d. h. ihren Talenten, ihrem Verdienste und den Vorteilen gemäß, die der Staat von ihrer Anstellung zu erwarten hat, gehören." (S. 168 f.)
26 Vgl. E.R. Huber (1957); C.-L. Furck (1964) ("Leistung als Prinzip des preußischen Gymnasiums"; S. 48-69).
27 Vgl. D.S. Landes (1965) S. 574 f.

Mobilität innerhalb des liberalen kapitalistischen Systems zugelassen.

Aufgrund der sozialen Lage der bürgerlichen Frau im 19. Jahrhundert muß die "höhere Töchterschule" von den beruflichen Berechtigungen und Qualifikationen ausgenommen bleiben. Dennoch spielt das Leistungsmoment auch im Schulbetrieb der Mädchen eine Rolle. Das läßt sich anhand der Diskussion um die "Überbürdung" der Schülerinnen belegen, die parallel zur entsprechenden Kontroverse bei den "höheren Schülern" geführt wird[28]. Die preußische Schulverwaltung, die sich 1837 gezwungen sieht, die Angriffe der pädagogischen Öffentlichkeit auf die überhöhten Anforderungen der Schule durch eine leistungsbeschränkende Circularverfügung für Jungenschulen zu beantworten, erläßt 1858 auch eine entsprechende Verfügung über die "Geistige und körperliche Schonung der Schülerinnen in höheren Töchterschulen". Diese bezieht sich vor allem auf die Einschränkung der häuslichen Arbeiten[29]. Ein "Regulativ für die höheren Töchterschulen der Provinz Preußen" von 1868 bestimmt:

"... aus Gesundheitsrücksichten dürfen die Kinder mit Stunden und Schularbeiten nicht überbürdet werden. Auch ist der Stoff für die verschiedenen Unterrichtsgegenstände scharf zu begrenzen. ... Die Arbeiten für die Schule haben sich im Ganzen so zu beschränken, daß auf der Unterstufe durchschnittlich täglich nur eine Stunde und auf der oberen in der Regel nicht mehr als zwei Stunden zur sorgfältigen Anfertigung gebraucht werden"[30].

Die Diskussion des Themas erreicht ihren Höhepunkt nach 1880. Das zeigen die Flut von Artikeln in der "Zeitschrift für weibliche Bildung", dem Verbandsorgan der höheren Mädchenschullehrer[31], die Erörterungen dieser Frage im Preußischen

---

28 Vgl. zur Diskussion der "Überbürdung" C.-L. Furck (1964) S. 67 f.
29 Zentralblatt (1858) S. 182 f. Der Erlaß vom 18. Mai bezieht sich auf die - zahlenmäßig überwiegenden - Privatschulen. Eine entsprechende Verordnung für die öffentlichen höheren Mädchenschulen ergeht bereits am 28. August 1854.
30 Schneider/Bremen (1887) S. 562. Vgl. ferner die Verordnung vom 4. März 1874 über "Häusliche Schularbeiten" für Privat-Mädchenschulen (Schneider/Bremen (1887) S. 605).
31 Vgl. ZfwB. 1883. 11. S. 29/43/151/174/284/322/390/473/490/532/585. (Besonders R. Schornstein: "Die Überbürdungsfrage und die höhere Mädchenschule"; S. 322-347); ferner ZfwB. 1884. 12. S. 105/239/381/489/588.

Abgeordnetenhaus[32] und die zahlreichen Stellungnahmen des preußischen Kultusministers von Goßler[33]. Die erste "Allgemeine Verfügung, betreffend die Mädchenschulen und das höhere Mädchenschulwesen" in Preußen vom 31. Mai 1894 enthält einen umfassenden Katalog der Regelungen, mit denen die Unterrichtsverwaltung den schulischen Leistungsdruck einzugrenzen versucht. Dazu zählen die Beschränkung der Hausaufgaben, die Begrenzung des "Memorierstoffs" und der Länge der Deutschaufsätze, das Verbot von öffentlichen Schulprüfungen, Ferienarbeiten, Strafarbeiten irgendwelcher Art und schließlich der Ausschluß von "Extemporalien" oder "Klausurarbeiten" als Beurteilungs- und Versetzungsmaßstab[34]. Allerdings darf man von den Bemühungen der Unterrichtsverwaltung und eines Teils der pädagogischen Öffentlichkeit um eine Herabsetzung des Leistungsdrucks nur vorsichtig auf die Wirksamkeit des Leistungsprinzips in der "höheren Mädchenschule" rückschließen: Besonders in den letzten Jahrzehnten des 19. Jahrhunderts übernimmt der Kampf gegen die "Überbürdung" von Schülerinnen die ideologische Funktion, die Einbeziehung des Mädchenschulsystems in das Berechtigungswesen abzuwehren. Das geht bereits aus der Begründung hervor, die von Goßler für seine Stellungnahme gegen die "Überbürdung" der Mädchen in der oben genannten Sitzung des Abgeordnetenhauses gibt:

"In dieser Hinsicht wird der geehrte Herr Vorredner ... mir das Zeugnis nicht versagen, daß ich jede Gelegenheit benutzt habe, sowohl in Verfügungen, wie bei Gelegenheit der Revision und auf den von mir beschickten Congressen, ein gewisses Zurückschrauben (des Leistungsprinzips; d.Verf.) eintreten zu lassen, sowohl in Bezug auf das Lehrziel wie auf den Lehrplan. ... Wir haben gerade mit Rücksicht auf die normale Entwickelung und Freimachung unseres weiblichen Geschlechtes mit den Bestre-

---

32 41. Sitzung am 5. Februar 1884 (anläßlich der Beratung des Haushaltsetats 1884/85). Schneider/Bremen (1887) S. 575.
33 Vgl. z. B. die Rede anläßlich der Haushaltsdebatte des Abgeordnetenhauses und die Verordnung vom 10. Juli 1884 über die "Vermeidung der Überbürdung von Schülerinnen in Lehrerinnen-Bildungsanstalten und höheren Mädchenschulen" (Schneider/Bremen (1886) S. 467), worin es heißt: "Ich veranlasse das Königliche Provinzialschulcollegium, nunmehr eine Erleichterung der Schülerinnen sowohl des Lehrerinnen-Seminars, als auch der mit demselben verbundenen höheren Mädchenschule ernstlich in Erwägung zu nehmen ..." (S. 467).
34 Vgl. E. Bremen (1905) S. 693.

bungen zu rechnen, welche - in bester Absicht - darauf hinausgehen, den Mädchen immer mehr eine Gymnasialbildung zu geben und auch die Mädchen allmählich zu befähigen, gleichsam in ein weibliches Oberlehrerthum einzutreten. (Rufe: Das fehlte noch!) ... Ich bekämpfe diese Bestrebungen von meinem Standpunkte..."[35]

Um das Eindringen des Leistungsprinzips in die "höheren Mädchenschulen" erklären zu können, muß man die Wirksamkeit von sekundären, abgeleiteten sozialen Faktoren berücksichtigen. Das Leistungsprinzip wirkt einerseits vom dominierenden männlichen Schulsystem, wo es seine Funktion als Teil des Berechtigungswesens hat, auf die "Töchterschulen" zurück. Vermittler dieser Unterrichtsnormen ist die Gruppe der Mädchenschullehrer. Sowohl Seminaristen als auch Studienräte sind von der Ausbildung und von den verinnerlichten Berufsnormen her häufig ausschließlich an den Schulen für die männliche Jugend orientiert[36].

Die Leistungsanforderungen an die Mädchen lassen sich anderseits aber auch aus der im 19. Jahrhundert zunehmenden Mobilisierung von Aufstiegshoffnungen innerhalb des städtischen Bürgertums herleiten. Da das in den Familien gegenwärtige unspezifische Mobilitätsstreben auf die verschiedensten inhaltlichen Ziele übertragbar ist, kann es sich ebenso wie auf die Schullaufbahn der Söhne unter gewissen Umständen auch auf die Schulleistungen der Mädchen beziehen. 1852 tadelt ein Experte des preußischen Schulwesens dieses häufig anzutreffende

"Streben vieler Mütter und freilich auch Väter, ihre Töchter über ihr eigenes Familienleben hinauszuheben, etwas Besseres und Höheres aus ihnen 'treiben' zu lassen. Bei einem talentvollen Knaben lasse ich mir das gefallen, wiewohl ich auch hier an die verderbliche moderne Hetzjagd der Talente erinnere...; aber bei einem Mädchen, und hätte es noch so guten Mutterwitz, hat das nicht bloß gar keinen Sinn, sondern ist geradezu verderblicher Unsinn. Das Mädchen soll gerade recht in die eigene Familie hinein-, aber nicht über dieselbe hinausge- und erzogen werden"[37].

Erst als in den letzten Jahrzehnten des Jahrhunderts die bürgerlichen Frauen in einen Teil des außerhäuslichen Pro-

---
35 Schneider/Bremen (1887) S. 576.
36 Vgl. oben 2. Kapitel (Ausbildung und Zusammensetzung des Personals).
37 Günther (1852) S. 106.

duktionsprozesses einbezogen werden und die Möglichkeit erhalten, durch gesellschaftliche Arbeit einen nicht durch den Mann oder die Familie vermittelten sozialen Status zu erwerben, können bürgerliche Eltern die vagen Aufstiegshoffnungen für die Töchter auf eine begrenzte Zahl realisierbarer Berufsziele lenken.

4. Kapitel

Die Einbeziehung der bürgerlichen Frau in den kapitalistischen Arbeitsprozeß und in das Berechtigungssystem privilegierter Bildung

Die schulpolitische Folgenlosigkeit der im 18. und in der ersten Hälfte des 19. Jahrhunderts in Deutschland geführten Diskussion um eine bessere Erziehung der bürgerlichen Mädchen hängt damit zusammen, daß die interessierten Gruppen der pädagogischen Öffentlichkeit weitgehend an der in der ständischen Gesellschaft entwickelten Überzeugung festhalten, den öffentlichen Schulen komme für die Erziehung der Kinder nur eine subsidiäre Funktion gegenüber dem "ganzen Haus" zu[1]. Nach diesem Verständnis beschränkt sich die Verpflichtung der staatlichen Obrigkeit zur Vorsorge für den Schulunterricht auf *die* höheren Schulen, die ihren öffentlichen Rang und den Dienst am "bonum commune" dadurch unter Beweis stellen, daß sie die Schüler auf öffentliche Ämter vorbereiten. Das hat zur Folge, daß der ganze Bereich der bürgerlichen Mädchenbildung aus der Verantwortung der staatlichen Verwaltung entlassen ist. Die Forderungen zur Verbesserung der Frauenbildung, die im 18. Jahrhundert von literarischen Gesellschaften, einzelnen Schriftstellern und in Wochenblättern vorgetragen werden, beschränken sich auf das Ziel, den Frauen die aufgeklärte ästhetische Lesekultur der Zeit zugänglich zu machen[2]. Um 1800 richten sich die Vorschläge bürgerlicher Pädagogen zur Einrichtung "höherer Töchterschu-

---

1 Vgl. Hermann Lange (1967) ("Der öffentliche Charakter der Schulen", S. 204 ff).
2 Vgl. D. Götze (1957).

len" ausschließlich an die bürgerlichen Eltern und an die
städtischen Kommunen[3].

4.1. *Exkurs: Die unvollkommene Integrierung der Mädchen in den öffentlichen Elementarunterricht*

Die staatliche Verpflichtung, für den Schulunterricht der Mädchen zu sorgen, wird nicht bei der "höheren" Bildung zum ersten Mal anerkannt, sondern auf dem Gebiet des Elementarunterrichts. Das zeigt die Einführung der - in Brandenburg-Preußen bereits 1717 postulierten - allgemeinen Unterrichtspflicht durch den absolutistischen Staat, der sich auf *beide* Geschlechter bezieht[4]. Die staatliche Verwaltung sucht durch die Einrichtung neuer Elementarschulen, Strafandrohungen für Schulversäumnisse und durch die Festlegung einer unteren Leistungsnorm für alle Schüler[5], die ländlichen und städtischen "Unterschichten" zu veranlassen, die Kinder auf die vorhandenen Schulen zu schicken.

Der staatliche Patriarchalismus entspricht objektiv dem neuartigen Bedarf frühkapitalistischer Wirtschaft nach disziplinierter Arbeitskraft und regionaler Mobilität der Arbeitenden[6]. Da dieses langfristige obrigkeitliche Interesse an einer "eingeschränkten Aufklärung" des einfachen Volkes dem kurzfristigen ökonomischen Nutzen widerspricht, den Gutsbesitzer, Verleger, Unternehmer und die Familien der "Unterschichten" von der Arbeitskraft der Kinder haben, hält sich die praktische Durchführung der Unterrichtspflicht zunächst in engen Grenzen[7].

---

3 Vgl. E. Blochmann (1966).
4 Vgl. E. Spranger (1949) 2. Kap.; Handbuch der Frauenbewegung (1902) Bd. III. S. 33 ff; 41 ff.
5 Vgl. G. Petrat (1962). Die ostpreußische Verordnung über das Kirchen- und Schulwesen von 1734 bestimmt z. B., kein Kind solle "zur Confirmation und heiligen Abendmahl gelassen werden ..., welches nicht zuvor fertig lesen könne."
6 Vgl. Geschichte der Erziehung (1967) S. 177 ff; D. Landes (1965).
7 Vgl. z. B. Geschichte der Erziehung (1967) S. 234 ff; H. Heppe (1858); J. Lachs (1961).

Aufgrund des Willens der staatlichen Verwaltung, den Mädchen der "Unterschichten" den selben Elementarunterricht wie den Jungen zukommen zu lassen, besteht hier historisch zum ersten Mal die Möglichkeit, die Unvollkommenheit der schulischen Integration von Mädchen mit einem gleichzeitig erhobenen weitergehenden Anspruch - gleiches Unterrichtsrecht für beide Geschlechter - zu konfrontieren. Solange die proklamierte allgemeine Unterrichtspflicht nur unzulänglich in der Praxis verwirklicht wird - was sich in Preußen frühestens ab 1860 ändert[8] -, läßt sich die Diskriminierung sogar am etwas geringeren Schulbesuch der Mädchen ablesen. 1816 gehen zum Beispiel im Regierungsbezirk Trier 61 Prozent der Jungen und 57 Prozent der Mädchen im schulpflichtigen Alter zur Schule[9].

Deutlichere Unterschiede zeigen sich jedoch in der Qualität und im Umfang des erhaltenen Unterrichts. Dabei ist zu berücksichtigen, daß die Unterrichtsstoffe der Elementarschule sich graduell hinsichtlich der Bedeutung unterscheiden, die ihnen für den öffentlichen Bereich und für die außerhäusliche Arbeit zukommt[10]. Nach diesem Kriterium bilden Beten, Lesen, Schreiben und Rechnen Rangstufen. Von Stufe zu Stufe fällt der Prozentsatz der Lehrer, die diese Fertigkeiten unterrichten können; ebenso wie die Zahl der Schüler, die darin Unterricht erhalten[11].

Offensichtlich gelingt es während des ganzen 18. Jahrhunderts nicht, mehr als einer Minderheit von Mädchen auf dem Land Schreibunterricht geben zu lassen[12]. Während eine Verordnung für die Landschulen im Fürstentum Sachsen-Eisenach aus dem Jahre 1705 bestimmt:

---

8 Vgl. D. Landes (1965) S. 567 ff.
9 Schaaf (1966) S. 341.
   Nach H. Heppe (1858) Bd. III. S. 128 f) beträgt der Anteil der Mädchen an den Schülern der Elementar- und Bürgerschulen in ganz Preußen 1825 zwischen 47 und 48%. Ähnliche Zahlenverhältnisse liegen für das Herzogtum Anhalt-Dessau (1858) vor. (Vgl. H. Heppe (1858) Bd. V. S. 152 f).
10 Vgl. Hermann Lange (1967) S. 227.
11 Vgl. Z. B. H. Heppe (1858); J. Lachs (1961).
12 Wenigstens in Preußen ist dagegen - nach Heppe (1858) Bd. I. S. 212 - seit Beginn des 18. Jahrhunderts Schreibunterricht durchweg Unterrichtsgegenstand für Jungen.

"Das Schreiben aber muß mit den Mägdlein sowol als mit den Knaben getrieben werden, und ist durchaus den Eltern nicht zu verstatten, daß sie ihre Töchter unter einigem Vorwand, als dürften dieselben das Schreiben zu was Bösem anwenden, davon abhalten wollten..."[13].

ergibt eine 1716 folgende Kirchen- und Schulvisitation, daß die Schulordnung kaum irgendeine Wirkung auf die Praxis gezeitigt hat[14]. Ein Jahrhundert später hat sich vielerorts am Zustand des Schreibunterrichts wenig geändert[15]. 1813 geht folgendes Reskript des Kirchen- und Schulrats zu Gießen an alle Justizbeamten und Geistlichen in Althessen:

"Da der Unverstand mancher Eltern, vorzüglich auf dem Lande, so weit geht, daß sie ihre Kinder, namentlich die Töchter hindern, in den Schulen schreiben zu lernen, und ihnen in dieser Absicht das nötige Papier verweigern, so wird den Geistlichen aufgegeben, kein Mädchen zur Confirmation zuzulaßen, welches nicht wenigstens seinen Namen richtig und leserlich schreiben könne"[16].

Ein günstigeres Bild der Unterrichtssituation zeichnet 1846 ein Revisionsbericht über eine - überdurchschnittlich gute - mecklenburgische Schule:

"Alle Knaben, deren Ältern nicht dem Armen-Institut angehören, schrieben auf Papier, die übrigen doch auf der Schiefertafel, so wie sämmtliche Mädchen. Dagegen war nichts zu sagen; es zeugt von guter Verwaltung, wenn die Armen-Casse Schiefertafeln giebt ..."[17].

Der Widerstand gegen das Schreibenlernen geht auf der einen Seite von sozialkonservativen Gruppen aus. Oberkonsistorialrat G. Sack greift noch 1799 sogar das Lesenlernen der Mädchen an:

"Übrigens wage ich es, den großen Nutzen zu bezweifeln, welchen das Lesenkönnen dem weiblichen Geschlechte bringt, und der Vorteil, den sie aus einer doch immerhin sehr mangelhaften Geschicklichkeit im Lesen ziehen können, lohnt gewiß nicht die darauf verwandte Mühe"[18].

---

13 Zit. nach Heppe (1858) Bd. II. S. 277 f.
14 H. Heppe (1858) Bd. II. S. 290.
15 Vgl. für Hessen um 1805 Heppe (1858) Bd. I. S. 335; für Schlesien um 1800 H. Heppe (1858) Bd. III. S. 111 f.
16 Zit. nach Heppe (1858) Bd. II. S. 68 f.
17 Zit. nach W. Bölckow (1955) S. 40).
18 G. Sack (1799) S. 291.

Der für das gesamte Landschulwesen Mecklenburg-Schwerins verantwortliche Schulrat Meyer rechtfertigt 1846 die bei einer Schulvisitation vorgefundene ungleiche Behandlung von Schülern und Schülerinnen damit, daß es für die meisten Mädchen ausreiche

"wenn sie auch nur geschriebene Schrift lesen und auf der Tafel soviel schreiben können, um sich in der Schule selbst zu beschräftigen, wenn eine andere Abtheilung den Lehrer in Anspruch nimmt"[19].

Auf der anderen Seite ist es vor allem die Landbevölkerung, die sich dem Schreibunterricht für Mädchen widersetzt. Dabei spielt neben offenkundigen wirtschaftlichen Überlegungen - man will das Geld für das Schreibmaterial sparen - das Mißtrauen gegenüber einer als fremd erfahrenden Schreib- und Lesekultur eine Rolle, wie folgende vielzitierten Abwehrargumente verdeutlichen:

"Bei den virginibus ist das Schreiben nur ein vehiculum zur Lüderlichkeit"[20].
"Jene sollten das Schreiben nicht lernen, damit sie nicht frühzeitig Liebesbriefe schreiben lernten. Konnten sie im neunten Jahre im Gebetbuche lesen, so hatten sie für ihr ganzes Leben ausgelernt"[21].

Auf den Schülerinnen, die das Schreiben lernen wollen, lastet in einigen ländlichen Gegenden ein erheblicher sozialer Druck. Aus dem Hochwald (Trier) berichtet Schulinspektor Canaris, es werde "denen Mägden zu einer großen Schand gerechnet, wenn sie schreiben"[22].

Die unterschiedliche Behandlung der Mädchen wächst noch beim Rechenunterricht. Während dieser im 18. Jahrhundert bei den Jungen bestenfalls älteren Schülern gegen Entgelt erteilt wird, sind Mädchen zunächst gänzlich von ihm ausgeschlossen[23]. Einen Überblick über die Verhältnisse im Oberstift Trier gibt die folgende, nach den Ergebnissen der

---

19 Zit. nach W. Bölckow (1955) S. 40.
20 Ein preußischer Schulmeister (1772). Zit. nach Heppe (1858) Bd. I. S. 249.
21 Zit. nach Heppe (1858) Bd. III S. 111 f (Schlesien um 1800).
22 Zit. nach E. Schaaf (1966) S. 105.

Schulvisitation von 1779/80 angefertigte Statistik (vgl. Tabelle 9).

Tabelle 9. Anzahl der Schüler und Schülerinnen, die 1779/80 im Oberstift Trier Unterricht im Schreiben oder Rechnen erhielten

Dekanat	Schulen	Schulkinder	Davon Schreiben		Rechnen	
			Knaben	Mädchen	Knaben	Mädchen
Burdekanat	19	644	130	46	51	4
Wadrill	27	1042	201	48	(in 2 Schulen)	
Merzig	36	1372	183	30	13	5
Kyllburg	42	1434	158	25	0	0
Piesport	77	3133	656	177	85	85

Quelle: Schaaf (1966) S. 96.

4.2. Der Kampf der bürgerlichen Frauenbewegung um den Zugang zur "höheren Bildung"

Im Bereich privilegierter Bildung verlangt in Deutschland erst die bürgerliche Frauenbewegung, Mädchen gleiche Bildungsmöglichkeiten wie Jungen zu eröffnen. Im Programm des Allgemeinen Deutschen Frauenvereins von 1905 heißt es, die Frauenbewegung fordere

"von Staat und Gemeinden die Betätigung des gleichen Interesses für die Mädchen wie für die Knaben ...
eine Reorganisation der höheren Mädchenschule, durch welche diese, unbeschadet ihrer dem Wirkungskreise der Frau entsprechenden Besonderheit, den höheren Knabenschulen gleichwertig wird. Den Mädchen muß sowohl innerhalb des Rahmens der höheren Mädchenschule als auch durch Zulassung zu den höheren Knabenschulen die Möglichkeit gegeben werden, an den Berechtigungen der höheren Lehranstalten teilzunehmen"[24].

Das Ziel, die "höheren Mädchenschulen" aus ihrer vergleichsweisen Funktionslosigkeit zu befreien und an das Berechtigungssystem der "höheren Schulen" anzuschließen, wird sozial-

---
23 Vgl. E. Heppe (1858) Bd. I. S. 218.
24 Das Programm ist abgedruckt in H. Lange (1914) S. 134-138.

politisch begründet. Man besteht auf der "Emanzipation der Frau zur Arbeit", um die zunehmende wirtschaftliche Notlage *des* Teils der bürgerlichen Frauen zu beheben, der weder den alten Schutz des "ganzen Hauses" und den der Ehe genießt, noch eine standesgemäße Möglichkeit findet, selbst den notwendigen Lebensunterhalt zu verdienen[25]. Die dabei entstehende Gefahr, daß die mangelhaft qualifizierten Frauen ausgebeutet werden, lasse sich nur bannen, wenn der Eintritt in den Produktionsprozeß durch eine dem Mann gleichwertige Schulbildung und durch eine darauf aufbauende gleiche formelle Berufsqualifikation vorbereitet werde. "Man kann sagen, daß an die Notwendigkeit der Berufsbildung der Mädchen überhaupt erst eine wirklich energische Behandlung der Probleme weiblicher Bildung anknüpfte"[26].

Obwohl der Allgemeine Deutsche Frauenverein seit seiner Gründung 1865 die Erschließung der männlichen Schul- und Universitätslaufbahnen für Frauen anstrebt, setzt der Versuch der Frauenbewegung, die bildungspolitischen Vorstellungen durchzusetzen, erst um 1890 ein. Um diese Zeit, in der die Organisierung der Bewegung ein neues Studium erreicht[27], werden militante Vereine wie der zur "Frauenbildungs-Reform" (1888) eigens zum Zweck der bildungspolitischen Interessenvertretung gegründet[28]. Als politische Mittel setzt man neben Petitionen (die häufig mit Unterschriftensammlungen verknüpft sind) an die Regierungen, Landtage oder an den Reichstag vor allem den konzentrierten publizistischen Kampf in der bürgerlichen Presse und auf dem Buchmarkt ein[29].

Als Nahziele gewinnen die Zulassung der Frauen zum Abiturientenexamen und zum Universitätsstudium eine strategische Schlüsselstellung für die Bildungspolitik der Frauenbewegung.

---

25 Vgl. L. Braun (1901) S. 99-156; Handbuch der Frauenbewegung (1901) Bd. 1; H. Lange (1914) 1. Kap.
26 Helene Lange (1914) S. 34.
27 Vgl. G. Bäumer (1914)S. 291 ff. Neben Berufsorganisationen (z. B. Allgemeiner Deutscher Lehrerinnenverein (1890)) und Fachverbänden wird (1894) der Bund deutscher Frauenvereine als Dachverband gegründet.
28 Vgl. J. Herrmann (1915).
29 Vgl. D. Götze (1957) S. 224-268.

Die Auseinandersetzung um die Zulassung zum Universitätsstudium dauert von 1888 bis etwa 1900. Das läßt sich anhand der vielen Petitionen[30] und am Anwachsen der Veröffentlichungen - meistens Broschüren - über dieses Thema[31] verfolgen. Am heftigsten ist die Debatte um das Medizinstudium[32], da von der einen Seite der Beruf der Ärztin in gleicher Weise wie der Lehrerinnenberuf als genuin weiblich definiert wird, auf der anderen Seite aber die konservativen Ordinarien für Medizin sich entschieden gegen Frauen in ihren Hörsälen wehren[33]. Nach 1900 wird den Frauen allmählich von den einzelnen Ländern des Reichs das volle Immatrikulationsrecht zuerkannt. Baden beginnt 1900, 1909 folgt Mecklenburg als letztes Land[34].

Gleichzeitig mit dem Immatrikulationsrecht versucht die Frauenbewegung, den bürgerlichen Mädchen das Recht auf Zulassung zum Abiturientenexamen zu erkämpfen. Diesem Zweck dienen zunächst "Gymnasialkurse", durch die kleine Gruppen von Schülerinnen als Externe auf die Prüfung vorbereitet werden. Der erste derartige Kurs entsteht 1893 in Berlin[35],

---

30 Vgl. J. Herrmann (1915) S. 8-37; H. Ries (1927) S. 93 ff; für Sachsen (Leipzig) R. Drucker (1956).
31 Vgl. H. Sveistrup/A. v. Zahn-Harnack (1961) S. 470 ff (Bibliografie). Das politische Gewicht der Kampagne können folgende Zahlen verdeutlichen. Von den 56 in der obigen Bibliografie angeführten Streitschriften, die zwischen 1871 und 1910 erscheinen, entfallen 68% auf die Jahre 1888 und 1900. Dabei überwiegen mit 77% aller verzeichneten Einzelschriften (zwischen 1871-1910) die Befürworter des Frauenstudiums. 30% der befürwortenden Broschüren haben weibliche Autoren (keine Frau spricht dagegen). Während man in den 70er und 80er Jahren das Problem in der Öffentlichkeit noch übergehen konnte, zeigt die heftige publizistische Gegenkampagne, die ab 1892 einsetzt, daß der Versuch der Frauenbewegung, das Thema zu aktualisieren, Erfolg hatte.
32 Vgl. H. Sveistrup:A. v. Zahn-Harnack (1961) S. 470 ff.
Die Hälfte der zwischen 1871 und 1900 erschienenen Streitschriften bezieht sich ausschließlich auf das Medizinstudium. Nimmt man nur die Broschüren, die in dieser Zeit *gegen* das Frauenstudium geschrieben werden, steigt der Anteil sogar auf 3/4.
Vgl. ferner R. Drucker (1956).
33 Vgl. die Sammlung von - meistens ablehnenden - Äußerungen zeitgenössischer Universitäts-Mediziner (gewonnen aus einer nicht-repräsentativen Universitätsbefragung) in A. Kirchhoff (1897) S. 31-144.
34 Vgl. J. Herrmann (1915 S. 8-37. Die Zulassung zu preußischen Universitäten erfolgt ab WS 1908/09. Vgl. Zentralblatt (1908) S. 691.
35 Vgl. G. Bäumer (1906).

nachdem das Preußische Abgeordnetenhaus am 30. März 1892 beschlossen hat, die in einer Petition verlangte Zulassung der Frauen zum Maturitätsexamen an einem Gymnasium "der königlichen Staatsregierung zur Erwägung zu überweisen"[36]. Daneben betreibt man die Gründung von Mädchengymnasien mit eigenem Prüfungsrecht [37]. Die erste zugelassene Anstalt in Deutschland ist das vom Verein "Frauenbildungs-Reform" 1893 eröffnete Karlsruher Mädchengymnasium[38]. In Preußen wird erst 1902 in Köln die erste Schule genehmigt[39]. Die Zahl der Mädchengymnasien nimmt bis 1908 ständig zu[40]. Das institutionelle Wachstum wird dadurch gefördert, daß die Schulen nicht allein von der bürgerlichen Frauenbewegung getragen werden, sondern noch zusätzliche Unterstützung von einflußreichen Kreisen des Bildungsbürgertums erfahren[41].

Die reaktive Bildungspolitik der deutschen Parlamente und Regierungen ist mehr oder weniger darauf ausgerichtet, die Einbeziehung der bürgerlichen Frauen in das System der privilegierten Schul- und Universitätslaufbahnen zeitlich hinauszuschieben und zahlenmäßig in engen Grenzen zu halten. Dabei kommt Preußen als dem dominierenden Bundesstaat eine besondere Bedeutung zu. Während man in Ländern wie Baden zu einigen Zugeständnissen bereit ist, zeichnen sich das Preupische Abgeordnetenhaus und das Preußische Kultusministerium durch hinhaltenden bildungspolitischen Widerstand aus. 1902 erläutert Minister Studt in einer Grundsatzerklärung vor den Abgeordneten die Maximen seiner Regierung bei der Behandlung der "höheren Mädchenbildung"[42]:

---

36 G. Bäumer (1906) S. 25.
37 Vgl. H. Jantzen (1903).
38 Vgl. H. Kettler (1893); Mädchengymnasium in Karlsruhe (1894); S. Reichenberger (1918).
39 Vgl. Festschrift zur Feier des 25jährigen Bestehens der gymnasialen Studienanstalt in Köln (1928).
40 Vgl. H. Jantzen (1903); ferner die Statistik in: Frauenbildung. 1904. 3. S. 272.
41 Das zeigen z. B. die Namenlisten der Fördervereine (vgl. G. Bäumer (1906) S. 8 ff, S. 27 f; Festschrift zur Feier des 25jährigen Bestehens (1928, S. 11) und die selbständigen Gründungsversuche von dieser Seite (vgl. G. Bäumer (1906) S. 26).
42 Dr. Studt ist zwischen 1899 und 1907 preußischer Kultusminister.

"Ich darf zum Schluß die Grundsätze noch kurz zusammenfassen, von denen die Unterrichtsverwaltung bisher ausgegangen ist, und die sie fortgesetzt zu beobachten gesonnen ist. Der deutschen Familie soll die eigenartige ideale Stellung der deutschen Frau nach Möglichkeit erhalten bleiben. Die Unterrichtsverwaltung kann nicht die Hand dazu bieten, daß aus einer zum Teil dem deutschen Wesen gar nicht entsprechenden Agitation der Anlaß genommen werde, durch Errichtung von Mädchengymnasien, durch Teilnahme der Mädchen an dem Unterricht in den für Knaben bestimmten höheren Bildungsanstalten und durch Änderung der Grundsätze über die Zulassung von Frauen zum akademischen Studium eine vollständige Umgestaltung der bisherigen Verhältnisse herbeizuführen. Daß der Zudrang der Frauen zu den männlichen Berufsarten seitens der Unterrichtsverwaltung noch künstlich befördert werden sollte, das werden Sie, glaube ich, von der Unterrichtsverwaltung nicht verlangen können"[43].

Im gleichen Sinn äußern sich konservative Parlamentarier wie der Abgeordnete Martin Schall[44]:

"Aber bei dem thatsächlich vorhandenen Ehrgeiz unter den jungen Mädchen, sich eine höhere Bildung anzueignen, der bekanntlich viel größer ist als bei Knaben und jungen Männern, würde ich es für verhängnisvoll halten, wenn durch besondere Anstalten einem jungen Mädchen schon in jungen Jahren die Gelegenheit und dadurch der Anreiz und die Hinweisung gegeben würde zu akademischen Studien. Ich glaube, daß bei dem jetzt hervorgetretenen Drängen der Damenwelt nach solchen höheren Bildungskursen die Unterrichtsverwaltung vielmehr die Aufgabe hat, etwas retardando zu verfahren, als excitando, jedenfalls sehr sorgfältig zu prüfen, ob diesem Drängen nachgegeben werden muß im Hinblick sowohl auf die übrige Charakterbildung und soziale Ausbildung der Frauen als auch insbesondere im Hinblick auf ihre gesundheitliche körperliche Bildung"[45].

Instruktiv für die von den Bildungspolitikern praktizierte Verzögerungstaktik ist vor allem der Kampf um die Zulassung der Frauen zum Universitätsstudium und um die Eingliederung der "höheren Mädchenschulen" in die für höhere Schulen zuständige Schulaufsicht. Zwei Jahrzehnte hindurch gelingt es mit Hilfe kleiner Zugeständnisse, das generelle Immatrikulationsrecht für Frauen in Preußen zu vermeiden[46]. Zunächst (1895) läßt man eine kleine Gruppe von Lehrerinnen an Mädchenschulen "zu den für die wissenschaftliche Prüfung der Lehrerinnen in Betracht kommenden Universitätsvorlesungen"

---

43 Frauenbildung. 1902. 1. S. 123.
44 M. Schall ist Prediger in Berlin-Kladow und Abgeordneter der Konservativen Partei.
45 Frauenbildung. 1902. 1. S. 131.
46 Vgl. O. Schröder (1926) S. 68 ff (u.a.).

zu[47], dann (1896) gestattet man einigen Frauen, mit besonderer Genehmigung des Ministers als Hospitanten zu studieren[48], 1899 schließlich beschließt der Bundesrat, daß Frauen medizinische und pharmazeutische Staatsprüfungen ablegen dürfen. Erst zum Wintersemester 1908/09 erhalten Frauen das volle Immatrikulationsrecht[49] - vierzig Jahre nach der Zulassung von Studentinnen in der Schweiz und neun Jahre nach der ersten Öffnung von Universitäten für Frauen in Deutschland.

Ebenso erfolgreich widersetzt sich das Preußische Kultusministerium bis 1908[50] der Überführung der "höheren Mädchenschulen" aus der Aufsicht der lokalen und Kreis-Schulinspektion für das Volksschulwesen in die Verantwortung der Provinzial-Schulkollegien, denen die höheren Schulen unterstellt sind. Die verwaltungsmäßige Gleichstellung mit den höheren Schulen, die auch die Mädchenschullehrer aus standespolitischen Motiven unterstützen[51], wird zwar 1883 für die nahe Zukunft versprochen und im Einzelfall erlaubt[52], 1887 aber, statt generell geregelt zu werden, erneut stark begrenzt[53]. Der Prozentsatz der von der höheren Schulverwaltung beaufsichtigten Mädchenschulen wächst deshalb bis 1908 nur geringfügig[54].

Die Bemühungen, der "höheren Mädchenbildung" enge Grenzen zu ziehen, erstrecken sich auf folgende Bereiche: Man beschränkt das institutionelle Angebot, erschwert die Schul-

---

47 Erlaß vom 17.5.1895. Vgl. O. Schröder (1926).
48 Erlaß vom 16.7.1896. Vgl. Zentralblatt (1896) S. 567.
49 Vgl. Zentralblatt (1908) S. 691.
50 Erlaß vom 15.8.1908. Zentralblatt (1908) S. 694 ff, 886 ff.
51 Vgl. z. B. Schneider/Bremen (1887) S. 572 (Protokoll der Augustkonferenz von 1873 im Ministerium); ZfwB. 1883. 11. S. 1 ff; ZfwB. 1884. 12. S. 57 ff.
52 Verfügung vom 13.6.1883 (vgl. Zentralblatt (1883) S. 574). Die generelle Regelung wird unter dem - häufig benutzten - Vorwand abgelehnt, daß "die Entwicklung des höheren Mädchenschulwesens noch in vollem Flusse begriffen ist."
53 Verfügung vom 2.3.1887 (vgl. Zentralblatt (1894) S. 452 ff).
54 Für 1886/87 werden 10% (16 von 157 erfaßten Schulen) (vgl. ZfwB. 1888. 16. S. 615 ff) angegeben; für 1896 31% (39 von 126 erfaßten Schulen) (vgl. Wychgram (1897) S. 47); für 1904 25% (56 von 227 erfaßten Schulen) (vgl. Frauenbildung. 1905. 4. S. 80).

laufbahn für Mädchen durch zusätzliche Barrieren und fördert statt der allgemeinen die berufsbezogene "Hochschulreife".

Als *ein* wirksames Mittel, um die Zahl der zur Immatrikulation berechtigten Frauen zu beschränken, erweist sich die Weigerung, Mädchen in höhere Jungenschulen aufzunehmen. Zwar gibt es nach den Reformbestimmungen vom 18.8.1908[55] "Studienanstalten" für Mädchen, die grundsätzlich den höheren Schulen für Jungen gleichgestellt sind, der geringe Ausbau dieser Schulart während des Kaiserreichs führt aber zu erheblichen regionalen Benachteiligungen für Mädchen[56]. Die Vergrößerung der institutionellen Kapazität der "Studienanstalten" wird planmäßig durch die Einrichtung und Förderung von sogenannten Frauenschulen, die man als alternative Oberstufe des Mädchenschulsystems außerhalb des Berechtigungswesens einrichtet, gehemmt[57]. Erst in der Weimarer Republik hebt man das Verbot der Zulassung von Mädchen zu höheren Jungenschulen grundsätzlich auf, nicht ohne die Bedingungen der Aufnahme mit erschwerenden Auflagen zu belasten[58]. Der Anteil der Mädchen in Jungenschulen bleibt daher auch in der Republik gering[59].

Die Schullaufbahnen der Mädchen werden neben dem Mangel an geeigneten Institutionen in vielen Gemeinden noch durch die Länge der vorgeschriebenen Schulzeit belastet. Die preußischen Bestimmungen von 1908 sehen vor, daß Mädchen beim Besuch von "Studienanstalten" ein Jahr länger als Jungen bis zum Abitur benötigen. Noch zeitraubender gestaltet sich der Weg zum Universitätsstudium über das sogenannte Oberlyzeum. Nach einem Erlaß vom 3.4.1909 sind dreizehn Schuljahre und zwei Jahre Lehrpraxis nötig, um als Lehrerin die fachgebun-

---

55 Vgl. Bestimmungen (1908); Güldner (1913).
56 H. Lange (1914) S. 139; G. Bäumer (1909) S. 58 ff; G. Bäumer (1914) S. 276 f.
57 Vgl. Bestimmungen (1908). Anfang 1918 gibt es in Preußen 46 Studienanstalten und 90 Frauenschulen (vgl. Horn (1919) S. 77).
58 Vgl. G. Bäumer (1927) S. 1189.
59 Vgl. für 1921: Monatsschrift f. höh. Schulen. 1921. 20/21. S. 53 ff. Für 1931: Statistisches Handbuch (1949) S. 618. Der Anteil der Mädchen an allen Schülern der höheren Jungenschulen beträgt selbst zu diesem Zeitpunkt in Deutschland weniger als 7%.

dene Hochschulreife zu erlangen[60]. Am 11.10.1913 versucht
man, diesem Schulzweig durch vereinfachte Reifebedingungen
die gleiche Attraktivität wie der "Studienanstalt" zu erhalten[61]. Entsprechend den neuen Bestimmungen haben die Schülerinnen des "Oberlyzeums" nach vierzehn Schuljahren die Möglichkeit, entweder sofort als Lehrerstudenten an der Universität zu studieren oder nach einer anschließenden externen
Zusatzprüfung die allgemeine Studienberechtigung zu erlangen.
Sowohl die Einführung der Zusatzprüfung wie die Abdrängung
der Schülerinnen auf berufsbezogene Schullaufbahnen erfüllen
wichtige Funktionen bei der Einschränkung der Studienmöglichkeiten für Frauen. Das wird deutlich, wenn man berücksichtigt, daß in Preußen noch Anfang 1918 den 46 "Studienanstalten" 114 "Oberlyzeen" (höhere Lehrerinnenseminare) gegenüberstehen[62]. Zwischen 1909 und 1911 besitzt deshalb jede
zweite und zwischen 1913 und 1918 jede dritte bis vierte
Studentin an preußischen Hochschulen ausschließlich die fachgebundene Hochschulreife als Lehrerin[63].

---

60 Vgl. Zentralblatt (1909).
61 Vgl. Zentralblatt (1913); E. Horn (1919) S. 51 ff.
62 Vgl. E. Horn (1919) S. 77.
63 Vgl. zur ersten Angabe: Helene Lange (1914) S. 140; zur zweiten:
   Hirsch (1920) S. 48; Stücklen (1916) S. 37.

2. Teil

Ideologien der Mädchenbildung im bürgerlichen Patriarchalismus.

Sozioökonomischer Kontext und historischer Wandel

1. Kapitel

Erziehung des Mädchens zur Dame: Die Frau als Statusobjekt

1.1. Inhalt und Bedeutung des Erziehungsziels im bürgerlichen Patriarchalismus

Während des 19. Jahrhunderts kommt unter den Vorstellungen zur Mädchenbildung, die von einer "wesenhaften" Verschiedenheit der Geschlechter ausgehen, der Erziehung bürgerlicher Mädchen zur Dame eine besondere Bedeutung zu. Zeitgenössische Schulexperten bewerten diese Zielsetzung nicht selten als das bestimmende Bildungsprogramm von "höheren Töchterschulen" und nachschulischer Privat- oder Pensionatserziehung:

"Die jetzige Töchtererziehung, besonders in den sogenannten höheren Ständen, scheint ... darauf berechnet zu sein, das weibliche Geschlecht für das gesellige Leben allein auszubilden"[1].

Ein Kenner des weiblichen Bildungswesens sieht 1873 rückschauend einen Hauptgrund für den Ausbau der "höheren Mädchenschulen" seit Beginn des Jahrhunderts darin, daß bürgerliche Eltern ein ausgesprochenes Interesse daran zeigten, die Töchter in diesen Institutionen zu Damen ausbilden zu lassen.

"Man wollte den Töchtern nur eine gewisse höhere, d. h. feinere Bildung geben. Dieselben sollten vor Allem eine feinere Lebensform, einen noblen Schliff erhalten, französischsprechen und die Schönheiten der deutschen Dichtung kennen lernen. ... so wurde das Mädchen ... zur Dame erzogen,

---

1 Küsel (1845) S. 7 f.

deren Würde schon an Ansehn verlor, wenn es irgend eine Arbeit verrichtet hätte"[2].

Zwar befürworten in den ersten Jahrzehnten des Jahrhunderts nur einige der bekannten pädagogischen Autoren das Erziehungsziel der Dame - als Beispiele lassen sich Chr. Garve (1792), Ernst Brandes (1802) oder F.H.C. Schwarz (1836) nennen -: das hindert aber offensichtlich nicht die deutliche Ausprägung der Damen-Erziehung in der Praxis "höherer Mädchenschulen":

"Die Kultur des Geschmacks ist wohl mit unbedeutenden Ausnahmen das Hauptprodukt, das man durch die Erziehung des Frauenzimmers zu bezwecken sucht"[3] (1808).
"Die höhere Töchterschule stellte sich neben der allgemeinen Aufgabe der Töchterschule noch die besondere, das Mädchen zur ächten Hausfrau und zur anmuthigen Erscheinung im geselligen Umgange zu bilden. Viele der höheren Töchterschulen haben sich in Wirklichkeit jedoch nur letzteres zum Ziele gesetzt ..."[4].

Was die "höheren Töchterschulen" aufgrund des Alters der Schülerinnen und der Konzentration auf den elementaren Unterricht einer Erziehung der Mädchen zu Damen schuldig bleiben, leistet die nachschulische Bildung. Pensionatserziehung und Privatunterricht sind daher noch mehr als jene auf dieses Erziehungsziel fixiert[5]. Die Leiterin eines Instituts, Tinette Homberg, schätzt, daß "sehr viele weibliche Erziehungsanstalten ... in der That Abrichtungsanstalten für 'junge Damen' sind"[6]. Ebenso urteilt 1874 ein Schulfachmann:

"Die Pensionate pflegen doch, wo sie noch in Wirksamkeit sind, den eigentlich deutschen Geist wenig. Noch immer ist auf ausdrücklichen Wunsch der Eltern die gesellschaftliche Tournüre in ihnen das A und O der Bildung, dieses Erbteil einer verwelschten Zeit. So wenig neu es klingen mag: ein bischen Klimpern und französisch Parlieren gilt vielen Familien doch im Grunde heute wie im vorigen Jahrhundert als das non plus ultra weiblicher Vollkommenheiten"[7].

---
2 Janke (1873) S. 25.
3 Aus dem Gutachten eines Mindener Predigers über die Einrichtung einer "höheren Töchterschule". Zit. nach Krickau (1926) S. 5.
4 Schmidt (1884) S. 564.
5 Vgl. für das Viktorianische England Neff (1966) 4. Kap. ("The Idle Woman").
6 T. Homberg (1861) S. 119.
7 Kreyenberg (1874) S. 7 f.

Kennzeichnend für die Erziehung zur Dame ist die Übermittlung einer "Kultur des Geschmacks"[8] mit Hilfe der Verfeinerung des Urteils über literarisch-ästhetische und gesellschaftliche Gegenstände. Die Kultur des Geschmacks wiederum wird als wichtiger Teil des zweckfreien, nach außen sichtbaren und auf die Gesellschaft abgestimmten "feineren Müßiggangs"[9] verstanden. Die Vorbereitung der bürgerlichen Mädchen auf die Ausübung einer normgerechten Muße umfaßt die Einübung von Fertigkeiten, bestimmten Formen des gesellschaftlichen Benehmens und die Einführung in die kulturelle Bildungskonvention der Zeit. Die Fertigkeiten sind genau umrissen und erstrecken sich auf Handarbeit textiler Art, dilettierende Malerei, Instrumentalmusik oder Gesang[10], Gesellschaftstanz[11] und Konversation in französischer oder englischer Sprache[12]. Ziel der Übermittlung gesellschaftlichen Benehmens ist die vollendete "Grazie" und "zarte Weiblichkeit"[13]. Die Frauen sollen "in allen ihren Bewegungen, im Ton der Stimme, in der Wahl der Worte, graziös, sanft und fein erscheinen, in ihrer Kleidung einen einfach edlen Geschmack bekunden, und keine Rücksicht der geselligen Höflichkeit aus den Augen lassen ..."[13]. Der graziös-zarten Weiblichkeit dient eine "einstudierte Haltung" - "die kleinen zierlichen Schrittchen, das beliebte Drehen mit einzelnen Theilen des Kör-

---

8 Baden: "Ideen über eine in Minden zu errichtende Töchterschule" (1808). Zit. in Krickau (1926) S. 5.
  Vgl. Schricker: "Die gebildete Frau" (Schulrede) in: ZfwB. 1884. 12. S. 157 ff.
9 G. Steinhausen (1898) S. 93.
10 Vgl. oben 4. Kap.: "Privatunterricht und Pensionat als ergänzende Einrichtungen". Zum Klavierspiel vgl. Wychgram (1897) S. 355.
11 Vgl. Raumer (1853) S. 11.
12 Vgl. T. Homberg (1861) S. 233; ferner oben 1. Teil. Die Konversationsübungen erfolgen während der ersten Hälfte des Jahrhunderts noch in der "höheren Töchterschule" (z. B. während des Handarbeitsunterrichts). Unter dem Einfluß der akademischen Lehrer werden sie in der zweiten Hälfte weitgehend zugunsten des grammatikalisch-philologischen Unterrichts zurückgedrängt und der nachschulischen Erziehung überantwortet. Daß die älteren Tendenzen jedoch keineswegs vollständig überwunden werden, belegen die fortdauernden Diskussionen und Polemiken. (Vgl. z. B. die Auseinandersetzungen im Verbandsorgan der Mädchenschullehrer während der achtziger Jahre. ZfwB. 1883. 11. S. 21 f; S. 306 f u. a.).
13 T. Homberg (1861) S. 114.

pers"[14] -, die durch bestimmte modische Attribute wie Wespentaille und Einschnürung des Oberkörpers mit Hilfe des Korsetts unterstützt wird[15]. Es ist wahrscheinlich, daß auch die häufig anzutreffende Zeitkrankheit der Mädchen, die "Bleichsucht"[16], kulturell durch das Erziehungsziel der zarten Weiblichkeit, das ein gewisses Kränklichsein als sozial akzeptierbar mit einschließt, vermittelt wird. Schließlich soll die angehende Dame einige Urteils- und Ausdrucksfähigkeit besitzen[17], was Belesenheit voraussetzt. Dem sucht die "höhere Töchterschule" durch die Übermittlung von Werken und Begriffen der Literaturgeschichte Rechnung zu tragen[18].

Angesichts der allgemeinen Verbreitung der Damen-Bildung in der Schulpraxis muß es überraschen, daß die Mädchenschullehrer, Mädchenschuldirektoren und Pensionatsvorsteher, die ihre Meinung zu diesem Thema veröffentlichen, einhellig die Erziehung zur Dame ablehnen oder doch sehr kritisch beurteilen[19]. Vor allem bekämpfen sie die ungenügende Verinnerlichung von Zielen wie: zarte Weiblichkeit. Diese bedeuten eben nicht, wie man vorgebe, die verwirklichte "Sittlichkeit des Weibes oder Mädchens in ästhetisch gefälliger Form"[20], sondern bewirkten nichts als "bloße äußere Politur und Dressur"[21]. Man denke vielfach, der Bildung zur Dame sei Genüge getan, wenn man das Mädchen "nur mit einem schönen, in die

---

14 T. Homberg (1861) S. 115.
15 Aufschluß über den frühen Zeitpunkt, zu dem die Sozialisation der zarten Weiblichkeit auf modischem Gebiet einsetzt, vermittelt eine von R. Flachs an Dresdener Schulen 1903 durchgeführte Umfrage über das Tragen von Korsetts. Danach benutzen in den Bezirksschulen 8-11%, in den Bürgerschulen 23% der Schülerinnen Korsetts. An den "höhren Töchterschulen" entwickelt sich das Korsetttragen wie folgt: 5. Kl. = 0%; 4. Kl. = 3%; 3. Kl. = 50%; 2. Kl. = 69%; 1. Kl. = 70%. (Frauenbildung. 1904. 3. S. 375).
16 Vgl. Wychgram (1897) S. 363 (Kotelmann: "Gesundheitspflege"); Frauenbildung. 1905. S. 424; Wehmer (1903).
17 Vgl. Cauer (1926) S. 1; C. Oltrogge (1842) S. 6 f.
18 Vgl. oben 1. Teil; vgl. ZfwB. 1883. 11. S. 21, S. 66.
19 Vgl. z. B. C. Oltrogge (1842) S. 6 f; Küsel (1845) S. 7 f; Raumer (1853) S. 5 ff; T. Homberg (1861) S. 20/113 ff u. a.; Janke (1873) S. 25 ff.
20 Vortrag von Direktor Wöbcken "Über den guten Ton in der höheren Mädchenschule". Zit. in ZfwB. 1886. 14. S. 84 ff (Zitat S. 84).
21 T. Homberg (1861) S. 20. Vgl. ferner J. G. Herrmann (1843) S. 8.

Augen fallenden Firniß des Scheins wie des Wissens überstrichen" habe [22]. Praktisch führe das aber zu bedenklichen charakterlichen Fehlentwicklungen bei den Heranwachsenden, die als "verbildete, verzogene, blasierte Mädchen" [23] die Erziehung beendeten. In diesem Urteil stimmen konservativ-bürgerliche Autoren mit Vertretern der Frauenbewegung in auffälliger Weise überein. Auch diese rechnen die "indolenten und verwöhnten Geschöpfe", die den "fatalsten Typus der weiblichen Jugend" darstellten[24], zu den Opfern einer derartigen Erziehung.

Die Schulpraktiker sehen den Ursprung der Tendenz, an die Stelle eines verinnerlichenden Bildungsprozesses die veräußerlichte, demonstrative Bildung treten zu lassen, in den vordergründigen, verkürzten sozialen Bestrebungen bürgerlicher Eltern. Diese sind ihrer Meinung nach "selbstsüchtig"[25] nur am gesellschaftlichen Erfolg der Töchter interessiert:

"Die Mädchen sollen sich, wie man es nennt, produzieren, in Gesellschaft glänzen"[26].
"Alles, was den äußern Schimmer der Bildung vermehrt, wird in den Unterricht der Mädchen hineingezogen; der Anstand wird sogar gelehrt. Doch nur zu oft führt dies Bestreben zu glänzen zum kalten Schein, der blendet ohne zu erwärmen und zu beleben. Die Bildung, der die Anerkennung wie ein Schatten folgt, ist bei solchem Streben nicht Selbstzweck mehr, sondern sie wird als Köder von der Selbstsucht mißbraucht, die nach dem Schatten trachtet"[27].

Nach allgemeiner Überzeugung wird das Scheinhafte dieser gesellschaftlichen Bildung noch dadurch verstärkt, daß man als deren zweites direktes Ziel die Erhöhung der Heiratschancen für bürgerliche Mädchen anstrebt:

"Das Mädchen soll aber auch recht bald jene Scheinbildung als Köder gebrauchen lernen, darum wird es recht früh in den Kreis der Erwachsenen aufgenommen und zu ihren Vergnügungen zugezogen, zu Lebens- und Ideen-

---

22 T. Homberg (1861) S. 135. Vgl. ferner Küsel (1845) S. 8; T. Homberg (1961) S. 113 f.
23 Janke (1873) S. 28.
24 G. Bäumer (1914) S. 55. Vgl. für die entsprechende Haltung der englischen Frauenbewegung: Banks (1964) S. 66 f.
25 Küsel (1845) S. 8.
26 Raumer (1853) S. 11; vgl. ferner T. Homberg (1861) S. 233.
27 Küsel (1845) S. 8.

kreisen, die den Geist früh altern lassen und durch den frühzeitigen Genuß aufzusparender Freuden abstumpfen ..."[28].

Die zeitgenössische Kritik an den Erziehungszielen, die bürgerliche Eltern für ihre Töchter bereithalten, ist in zweifacher Hinsicht aufschlußreich. Zum einen vermag sie die Ressentiments zu verdeutlichen, die Vertreter des gebildeten Bürgertums den sozialen Aufstiegstendenzen im Wirtschaftsbürgertum entgegenbringen. Die Polemik der Pädagogen zielt auf die überangepaßte und ohne eigenen Maßstab bleibende Nachahmung des vornehmen - adeligen - Lebensstils im Allgemeinen[29] und auf die Nachahmung der ursprünglich dem alten Bürgertum vorbehaltenen "höheren Töchterbildung" im Besonderen[30].

Die Auseinandersetzung verdient aber vor allem auch deshalb Interesse, weil sie belegt, daß den Mädchenpädagogen des 19. Jahrhunderts der Zusammenhang von "höherer Mädchenbildung" und sozialen Mobilitätsbestrebungen bürgerlicher Familien einsichtig ist. Was sie als kurzsichtige Zweckentfremdung und Veräußerlichung der "Töchtererziehung" brandmarken, ist weitgehend identisch mit der bereits analysierten[31] Verwertung der statusbildenden Funktionen höherer Schulbildung durch die bürgerlichen Eltern. Die oben getroffene Feststellung, die Länge des Schulbesuchs in einer exklusiven Mädchenschule stelle einen unübersehbaren Prestigefaktor innerhalb der normierten Aufwandkonkurrenz dar, läßt sich dahingehend erweitern, daß dieser Faktor noch mehr Gewicht erhält, wenn der dort erhaltene Unterricht auf die Übermittlung vornehmer Tugenden abzielt.

Das Inhumane der Erziehung zur Dame beruht darauf, daß <u>die Töchter zu Figuren im Spiel der bürgerlichen Familien um einen herausgehobenen sozialen Status herabgewürdigt werden</u>. In der gesellschaftlichen Bewährung als Dame sollen die

---

28 Küsel (1845) S. 8; vgl. ferner Raumer (1853) S. 11.
29 Vgl. F. Zunkel (1966) S. 327 ff.
30 G. Bäumer (1914) S. 54 ff ("Die Tochter").
31 Vgl. 1. Teil: ('Höhere Mädchenbildung' als Statussymbol und als Ausdruck des Mobilitätsstrebens bürgerlicher Familien.)

Mädchen leibhaftig den Beweis für die hohe Aufwandnorm erbringen, der die Elternfamilie zu genügen vermag. Doch erschöpft sich die Funktion dieser Erziehung nicht darin, den Familien durch das Vorzeigen der Töchter in der Gesellschaft bei der Absicherung des eigenen Sozialstatus behilflich zu sein. Der schulischen Ausbildung und der nach der Schulzeit fortgesetzten Einübung von Verhaltensweisen einer Dame[32] kommen auch Aufgaben für die Zukunft zu, wo die bürgerliche Tochter aus der Obhut der Familie in die des bürgerlichen Mannes übergeht. Vorübergehend kann die Vollendung als Dame die Heiratschancen und die Chancen, einen statushohen Ehemann zu finden, erhöhen - wobei eine günstige Heirat auch günstig auf das Sozialprestige des Elternhauses zurückwirkt. Die objektive sozialisierende Funktion des Erziehungsmusters besteht aber darin, das Mädchen vorzubereiten, als Ehefrau die gleichen Aufgaben als Statusobjekt für den Mann wie zuvor für die Herkunftsfamilie wahrzunehmen.

Die soziale Bedeutung, die der Stilisierung der bürgerlichen Ehefrau zur Dame für den Statuskampf des Ehemanns zukommt - Thorstein Veblen vermerkte sie eindringlich[33] -, beruht auf der strengen arbeitsteiligen Trennung von leistungsmäßigem Erwerb und repräsentierender Darstellung der gesellschaftlichen Position im Frühkapitalismus. Diese beiden Aspekte des sozialen Verhaltens waren im Selbstverständnis der feudalen adeligen Oberschichten noch untrennbarer Bestandteil der Rolle eines jeden Statusinhabers. Das ändert sich grundlegend mit der Entwicklung des Kapitalismus und dem Aufstieg bürgerlicher Gruppen. Während die Frauen zunehmend bestimmte Repräsentationspflichten **allein** übernehmen, wird der Mann auf den isolierten leistungsmäßigen Aspekt des Statuserwerbs eingeschworen. Dieser historische Prozeß hängt

---

32 Vgl. Neff (1966) S. 191, die darauf hinweist, daß die Bedeutung des nachschulischen Trainings für die Frauen mit der Erhöhung des durchschnittlichen Heiratsalters im Bürgertum während der zweiten Hälfte des 19. Jahrhunderts noch zunimmt.
33 Thorstein Veblen (1899). In Deutschland finden sich verwandte Gedankengänge z. B. bei G. Bäumer (1914) S. 32 ff ("Die mittelbürgerliche Hausfrau").

eng mit der Verschärfung der Leistungsanforderungen in der frühkapitalistischen Wirtschaft und in der absolutistischen Staatsverwaltung zusammen: Da die *Darstellung* einer sozialen Position der wirkungsvollen *Ausübung* dieser Position nicht selten im Wege steht [34], läßt sich die Arbeitsteilung zwischen den Geschlechtern als Anpassung an die verschärften Wettbewerbsbedingungen im Frühkapitalismus deuten.

Den bürgerlichen Frauen stehen zur Darstellung des sozialen Status von Ehemann und Familie grundsätzlich die gleichen Repräsentationsformen wie den Feudalklassen zur Verfügung. Die soziale Vermittlung der Position und die Abgrenzung gegenüber rangniederen Gruppen geschieht entweder in Form des demonstrativen Müßiggangs [35] oder in Form des demonstrativen Konsums [36]. Durch den Müßiggang wird signalisiert, daß man sich die Freisetzung aus dem Arbeitsprozeß und ein unproduktives Dasein gestatten kann; durch den stellvertretenden Konsum der Frau wird das Ausmaß der Wohlhabenheit als Indikator für die Höhe der sozialen Stellung angezeigt.

Die alte Schlüsselstellung der Mode als Ausdrucksform für beide Arten des prestigeverleihenden Luxus bleibt dabei erhalten [37]. Im Gegensatz zur puritanischen, dem protestantischasketischen Arbeitsethos verpflichteten Männerkleidung des Bürgertums setzt die Frau die adelige Tradition modischer Prunk- und Machtentfaltung fort. Mit Hilfe der Mode vermag die Frau Konsum und Müßiggang sozial leicht zu vermitteln – sei es durch den kostspieligen Charakter, sei es durch den unpraktischen Zuschnitt (unförmige Hüte, schleppende Röcke oder halsbrecherische Schuhabsätze) einer Kleidung [38].

Allerdings ändert sich aufgrund der Übernahme des repräsentierenden Verhaltens durch die Bürgerfrauen die Gewichtung und die konkrete Ausprägung von Konsum und Müßiggang. Nur die zum Rang von industriellen Großunternehmern aufge-

---

34 Vgl. E. Goffman (1959) S. 30 ff ("Dramatic Realization").
35 Vgl. T. Veblen (o.J.) 3. Kapitel.
36 Vgl. T. Veblen (o.J.) 4. Kapitel.
37 Vgl. R. König (1967) 19. Kapitel; Banks (1964) S. 75.
38 Vgl. T. Veblen (o.J.) 7. Kapitel.

stiegenen Gruppen der Wirtschaftsbürger versuchen, einen dem
- sich sozial behauptenden - preußischen Adel vergleichbaren
Standard des Konsums aufzubauen oder diesen noch zu überbieten[39]. Weit häufiger aber wird von den Frauen aus mittleren
und kleineren bürgerlichen Kreisen - Selbständigen, Angestellten und Beamten - ein demonstrativer Müßiggang praktiziert, der das zweckfreie Moment hervorhebt, ohne auf einem
zu kostspieligen vornehmen Konsum zu beruhen. Die beiden folgenden Beschreibungen typischer Bestandteile des Tagesablaufs
einer mittelbürgerlichen Dame können die Besonderheiten dieser Lebensweise verdeutlichen. 1873 beklagt ein Autor, der
über die zeitgenössische Töchtererziehung schreibt, das von
der "Gefallsucht" und der "Putzsucht"[40] bestimmte Leben der
bürgerlichen Dame wie folgt:

"Romande, Promenade, Singen, Musiciren, Theater, Concerte und Bälle füllen neben den üblichen Thee- und Kaffeevisiten einen großen Teil des Tages aus. Wird überhaupt die Hand an eine Arbeit gelegt, so ist es in der
Regel eine solche, bei welcher sie nicht beschmutzt wird: Sticken, Blumenmachen und dergleichen brodlose Künste vertreten die Stelle wirklicher Arbeit; Nähen, Flicken, Kochen u. dgl. ist für eine solche 'Dame'
schon eine Beschäftigung, an die sie nur mit Schmollen geht"[41].

Ähnlich äußert sich Luise Otto-Peters 1876 über den Tag der
bürgerlichen Dame ihrer Zeit:

"Wenn sie aufsteht, findet sie so gut wie der Gemahl das Frühstück fertig und nimmt es mit ihm ein - ist er dann an seine Berufsarbeit gegangen, führt sie ihn aus dem Hause oder nur in sein Zimmer, so sieht die
Hausfrau vielleicht einmal nach und zu, wie das Dienstmädchen Zimmer und
Küche in Ordnung bringt, bespricht mit ihm das Mittagessen und giebt
noch einige Aufträge. Dann beschäftigt sie sich mit ihrer Toilette ...
Dann geht sie aus, um einige unnöthige Geschäftsgänge, vielleicht einen
Besuch zu machen. Kurz vor Tische kommt sie heim, einen Blick in die
Küche zu werfen und am gedeckten Tisch im Speisezimmer den Gemahl zu erwarten. Darauf folgt ein Stündchen Mittagsruhe mit einem Journal in der
Hand, nachher zündet sie die vom Dienstmädchen bereitgestellte Wiener
Kaffeemaschine an und der Gemahl muß ihr versichern, daß der von ihrer
Hand bereitete Kaffee am besten schmeckt - dann geht er wieder seinem
Berufe nach - und dann sieht sich das Paar vielleicht vor Nacht nicht
wieder, wenn der Gemahl gleich aus seinem Contor, Bureau usw. in seinen
Klub, eine Versammlung oder, um es burschikos zu bezeichnen, in 'seine

---
39 Vgl. F. Zunkel (1966).
40 Herchenbach (1873) S. 81.
41 Herchenbach (1873) S. 82.

Stammkneipe' geht und sie näht und stickt ein wenig, geht spazieren, läuft in der Stadt umher, indem sie sich selbst und die anderen glauben macht, sie 'besorge' dabei etwas - oft geht sie zu einem Kaffee, Tee, in ein Conzert, ins Theater - und wo dies die Verhältnisse nicht erlauben, so speist das Paar vielleicht am Abend zu Hause, dann geht er in ein Bierlokal, wo ihm Bier und Zigarre besser schmeckt als zu Hause, und die Frau geht vielleicht mit ... Oder wenn die Frau daheim bleibt und der Gemahl ihr Zeit läßt, bis Mitternacht oder länger auf ihn zu warten-: Was hat sie da weiter zu thun als ein wenig zu musizieren oder zu lesen, zu sticken - und all dies zweck- und ziellos, nur - um sich die Zeit zu vertreiben"[42]!

Ersichtlich mißt man in dieser Form der Statusrepräsentation den künstlerischen und handwerklich-textilen Betätigungen der Dame große Bedeutung bei. Sie haben nicht nur den Vorzug, billig zu sein, sondern kommen der asketischen Mentalität des Bürgers besonders entgegen. Mit ihrer Hilfe können die Frauen zur gleichen Zeit die Befreiung aus dem Produktionsprozeß sichtbar machen *und* den dem Bürgertum befremdlichen und anstößigen "faulen" Müßiggang vermeiden - wodurch im Bewußtsein der Gesellschaft das dominierende protestantische Leistungsethos und die aus Gründen des sozialen Status notwendige Befreiung der Frau von produktiver Arbeit hinreichend versöhnt sind.

Die Eingewöhnung der Frau in das rastlose Beschäftigtsein während der Verfolgung der täglichen Mußepflichten soll unter anderem durch den Handarbeitsunterricht der Mädchen geleistet werden. Nur aufgrund dieser Sozialisationsaufgabe erscheint dessen zeitweise - besonders vor 1850 - überragende Stellung innerhalb der Unterrichtsfächer überhaupt erst begreiflich[43].

Anhand der Erziehung der Mädchen zur Dame und anhand der sozialen Situation der bürgerlichen Damen lassen sich der ambivalente Charakter von weiblichen Privilegien sowie Entstehung und Verkehrung dieser Privilegien in diskriminieren-

---

42 L. Otto-Peters (1876) S. 150.
43 Vgl. E. Blochmann (1966) 2. Teil: S. 104 u. a.; F. Bachmann (1893); (1897). Vielfach hält man aber auch noch nach 1850 an der ideologischen und praktischen Bedeutung dieses Unterrichts fest (vgl. dazu H. Lange (1928) (2) S. 24).

den Zwang exemplarisch demonstrieren[44]. Die Vorzüge der sozialen Lage einer Dame liegen auf der Hand: Befreiung vom kapitalistischen Produktionsprozeß, Möglichkeiten des Konsums und Zeit für den Aufbau einer kultivierten Muße. Die Privilegien werden aber innerhalb einer an der Selbstbestimmung und Unmittelbarkeit des Individuums als Zielwert orientierten Gesellschaft sofort ihres Charakters als Privilegien beraubt, wenn man sie den Frauen als gesellschaftliche Verpflichtung auferlegt. Diesen bleibt keine Wahl: sie *müssen* innerhalb des unerbittlichen sozialen Positionskampfes den errungenen oder angestrebten Status des Mannes repräsentieren.

Den wenig verschleierten Charakter als soziale Zwangmechanismen lüften die Mußebetätigungen an zwei Stellen: Erstens dort, wo der ausgeprägte Zug zur Standardisierung unübersehbar wird. Die künstlerisch-handwerklichen Fertigkeiten und die inhaltlichen Bereiche der Verfeinerung des Geschmacks sind häufig ebenso festgelegt wie die Art der Repräsentation in der festlichen oder halb-formellen gesellschaftlichen Öffentlichkeit. Die vereinheitlichte und entindividualisierte Mußekultur wird systematisch im Gruppenunterricht der "höheren Töchterschulen" und "Pensionate" vorbereitet.

Zweitens wird der Zwang an *der* Stelle deutlich, wo Frauen beginnen, aus dem Rahmen dessen, was sich für eine Dame gehört, auszubrechen. Die Stellung der bürgerlichen Frau im 19. Jahrhundert nähert sich damit - worauf T. Veblen immer wieder hinweist - in ihrer sozialen und ökonomischen Bedeutung der Repräsentationspflicht eines livrierten Bediensteten im Dienst des Herrn. Besonders dann, wenn Frauen stellvertretend dem Konsum huldigen müssen - etwa als Träger der jeweiligen Mode -, gewinnen die Darstellerinnen des männlichen Status den Charakter von Objekten.

---

[44] T. Veblens (o.J.) bissige Beschreibung der Situation der Dame akzentuiert die Momente der Unfreiheit in aller Schärfe, so daß sich der Analyse emanzipatorische Gedanken abgewinnen lassen - was allerdings über Veblens eigene Zielsetzungen hinausgeht. (Vgl. Th. Adorno (1963) S. 76 ff).

1.2. Strukturwandel der weiblichen Statusfunktionen im Monopolkapitalismus

Die Fixierung breiter Gruppen bürgerlicher Frauen an die Rolle der Dame ist in dieser strengen Ausprägung und sozialen Ausbreitung ein Phänomen der Sozialgeschichte des 19. Jahrhunderts und als solches historisch. Das Ideal der Dame gilt abgeschwächt allenfalls noch in *den* Gruppen, die sich einer repräsentativen Öffentlichkeit verpflichtet fühlen - also in Teilen der politisch und wirtschaftlich herrschenden Klassen. Für das Absterben der exponierten Rolle lassen sich einige sozialgeschichtliche Gründe ausmachen. Eine Reihe der sozio-ökonomischen Voraussetzungen der Existenz von Damen verschwinden mit der Weiterentwicklung des industriellen Kapitalismus ebenso, wie sie dieser ursprünglich ihre Entstehung verdanken.

Die sozialgeschichtlich wichtigsten, aufeinander bezogenen Prozesse, die zur Entstehung der Dame beitragen, sind die Funktionsentlastung des bürgerlichen Haushaltes und der sich vergrößernde Standard des Konsums im Bürgertum. Bald nach der Abwanderung der gesellschaftlichen Produktion in außerhäusliche Bereiche verschwinden auch Vorratswirtschaft und häusliche Produktion für den Eigenbedarf aus den städtischen Haushalten[45]. Dafür erhöht sich die verfügbare Finanzkraft vieler bürgerlicher Gruppen, was diesen im verstärkten Maß den Erwerb von arbeitsteilig außer Haus gefertigten Konsumartikeln erlaubt[46].

---

45 Vgl. E. Egner (1964) S. 68 ff; G. Bäumer (1914) S. 32-44.
46 Vgl. G. Bäumer (1914) S. 32-47; E. Egner (1964) S. 75 ff; für England: Banks (1954).
Typisch für den Eindruck der Zeitgenossen sind folgende Äußerungen: "So wie die Ansprüche der Jugend in Hinsicht auf Vergnügungen und Zerstreuungen sich erhöht haben, so haben sie sich gewißt auch in Bezug auf andre Dinge, wie: Kleidung, Beschäftigung usw. gesteigert." (Friedländer (1847) S. 11). "Das Leben verlangt heute eine ganz andere, viel höhere, kostspieligere Lebensweise, die Ansprüche des ästhetischen Sinnes, das ganze Raffinement unsrer Genüsse stellen andre Anforderungen; der Comfort des Lebens ist gestiegen." (Janke (1873) S. 3).

Als weitere Randbedingungen - teilweise Folgen der veränderten ökonomischen Basis des Bürgertums[47] - lassen sich folgende miteinander verknüpfte Faktoren nennen: Fortschreitende Urbanisierung des Bürgertums[48], Verringerung des Wohnraumes in den städtischen Mietshäusern[49], Rückgang der Geburtsziffern durch Geburtenplanung - was die Freisetzung der bürgerlichen Frau von dem in der vorindustriellen Zeit schicksalhaften permanenten Gebärzwang bedeutet[50] - und schließlich die Erleichterung der häuslichen Repräsentationspflichten durch Dienstpersonal[51].

Die wichtigste strukturelle Veränderung, die die soziale Existenzgrundlage der Damenrolle angreift, ist die Einbeziehung der bürgerlichen Ehefrauen in den außerhäuslichen Arbeitsprozeß[52]. Diese ist bedingt durch den steigenden Bedarf des Staates und der kapitalistischen Produktion an weiblichen Arbeitskräften, was sich im erhöhten Angebot "frauen-" und "standesgemäßer" Arbeitsplätze im Erziehungssystem, im sozialen Bereich, in Dienstleistungsberufen und in den erstmalig entstehenden bürokratisierten Verwaltungsapparaten im ökonomischen Sektor niederschlägt. Hinzu kommt noch, daß ein Teil des städtischen Bürgertums nicht mehr in

---

47 Vgl. dazu die methodisch sorgfältigen sozialgeschichtlichen Untersuchungen von J.A. und Olive Banks (1954) und (1964).
48 Vgl. 1. Teil und H. Haufe (1936) S. 220 f; Rogmann (1937) S. 197, 216; Bolte (1965) S. 73; Rassow (1965) S. 142.
49 Vgl. E. Egner (1964) S. 69 f.
50 Seit 1877 läßt sich eine generelle Abnahme der Fruchtbarkeitsziffern in Deutschland feststellen (vgl. Mackenroth (1966) S. 74). Da sich die Beschränkung der Geburtenzahlen in der ersten Zeit vor allem auf das großstädtische Bürgertum bezieht, während das Proletariat die Geburtenhäufigkeit eher steigert, beginnt möglicherweise die Einschränkung der Geburtenhäufigkeit in bestimmten Bürgergruppen bereits früher (vgl. H. Fürth (1925) S. 26 ff). Genauere Berechnungen liegen für England vor (vgl. Banks (1954) S. 5), aus denen hervorgeht, daß die Geburtenbeschränkung in den sechziger und siebziger Jahren zunächst von Offizierskreisen, den Geistlichen und von *den* Teilen des Bildungsbürgertums, die freie Berufe ausüben, praktiziert wird. Darauf folgt die Gruppe der Staatsbeamten und der (Büro-)Angestellten. Erst danach setzt sich die neue Geburtenpolitik auch in den verschiedenen Teilen des Wirtschaftsbürgertums durch.
51 Vgl. Handbuch der Frauenbewegung (1902) IV. Teil. S. 127 ff; G. Bäumer (1914) S. 177 ff.
52 Vgl. Lily Braun (1901); Handbuch der Frauenbewegung (1902) Bd. IV; R. Kempf (1931).

der Lage ist, die erhöhten finanziellen Aufwendungen für das bürgerliche Leben allein durch die Arbeit des Ehemannes zu bestreiten [53].

Als zweiter Faktor wirkt sich der zunehmende Mangel an Dienstboten hemmend auf die Verbreitung der Damenrolle im Bürgertum aus. Der Ausbeutung junger weiblicher Dienstkräfte in den städtischen Haushalten, die durch die starke Binnenwanderung der ländlichen Jugend in die Großstädte und ein entsprechendes Überangebot an billigen Hausmädchen ermöglicht wurde, sind gegen Ende des Jahrhunderts bereits engere Grenzen gezogen. Mit der Abwanderung dieser Arbeitskräfte in die Industrien oder Dienstleistungsberufe und mit der Zunahme der bürgerlichen Haushalte in den Städten verschieben sich Angebot und Nachfrage einseitig zugunsten der letzteren. Die folgende Verteuerung des Dienstpersonals übersteigt zusehends das Budget der meisten bürgerlichen Familien [54]. Auch die Vereinfachung der Haushaltsführung durch reduzierte Aufgaben und durch technische Hilfsmittel vermag den Verlust nicht voll aufzuwiegen.

---

53 Daran wirken der zunehmende Konsumzwang als Teil des standesgemäßen Lebens und die gesteigerten Ansprüche an die Schul- und Berufsausbildung der Kinder, vor allem der Söhne, entscheidend mit (vgl. L. Braun (1901) S. 166 ff). Banks (1954) belegt für England den Zusammenhang der ökonomischen Schwäche des bürgerlichen Haushalts mit den kapitalistischen Wirtschaftskrisen.

54 Vgl. die umfassende Analyse für England bei Banks (1954) S. 134 ff. Für Deutschland läßt sich ein vergleichbarer Zusammenhang annehmen. Für das Beispiel Berlin ist die Erhöhung des Lohnes in der zweiten Hälfte des Jahrhunderts belegt (vgl. Handbuch der Frauenbewegung (1902) Bd. IV. S. 132). Zwar nimmt dort zwischen 1882 und 1895 die absolute Zahl städt. Dienstboten (vgl. Handbuch der Frauenbewegung (1902) Bd. IV. S. 131) und die relative Zahl der Dienstboten pro selbständige bürgerliche Familie zu (vgl. Bäumer (1914) S. 179); dafür aber kommen immer weniger Dienstboten auf das unselbständige Bürgertum. Es entsteht ein erhebliches Mißverhältnis zwischen Angebot und Nachfrage (vgl. Handbuch der Frauenbewegung (1902) S. 132; Kuczynski (1963) S. 54). Einen bezeichnenden Hinweis vermögen die Bestrebungen bürgerlicher Pädagogen zu geben, mit Hilfe von hauswirtschaftlichen Fortbildungsschulen für unbemittelte Mädchen diese der Industrie zu entfremden und für die Dienstbotenlaufbahn zu gewinnen (vgl. u. a. ZfwB. 1883. 11. S. 361; Schulz (1963) S. 49; M. Schecker (1963) S. 118).
Vgl. allgemein zur Geschichte der hauswirtschaftlichen Fortbildungsschulen die Arbeiten von Schecker (1963) (S. 89-151) und Schulz (1963) (S. 41-56).

Nimmt man nicht die historisch einmalige Erscheinung und Verbreitung der Dame während des 19. Jahrhunderts als Vergleichspunkt, sondern bezieht man sich auf die generelle Funktion dieser Frauenrolle - Verdinglichung der Frau zum Statusobjekt des Mannes -, so läßt sich eine historische Kontinuität bis zur Gegenwart hin nachweisen. Die Prestigefunktionen der Dame leben in den sozialen Rollen der Frau als Freundin, Verlobte und Ehefrau fort. Die offenkundigen Veränderungen, denen der soziale Stellenwert oder die Ausdrucksformen demonstrativer Muße und repräsentierenden Konsums unterlagen, erklären sich aus den gewandelten ökonomischen Bedingungen in den kapitalistischen Industriegesellschaften.

Ein bestimmendes Merkmal für die historische Entwicklung des Kapitalismus ist die zunehmende Koppelung von Produktion und privatem Konsum. Je enger diese Verbindung im Kapitalismus wird, um so mehr hängt das wirtschaftliche Wachstum von einer Vergrößerung der Kapazität des Konsumgütermarktes ab. Dieses ökonomische Gesetz stempelt die konsumarme kulturelle Muße, wie sie die repräsentierende Dame des 19. Jahrhunderts pflegen durfte, zu einer anachronistischen sozialen Randerscheinung. Das objektiv wirtschaftsschädigende Mußeverhalten wird daher - was sich in der Enttabuierung der Frauenarbeit um 1900 vorbereitet - von einer nutz- und gewinnbringenden Verwertung der Frau in Familie, Haushalt und im Produktionsprozeß selbst abgelöst. Die Frau ist nicht nur dazu angehalten, ihre Freizeit statt an der Muße möglichst am Konsum zu orientieren, sondern ihr wird von der Gesellschaft auch nahegelegt, die konsumptive Kapazität der Familie dadurch zu steigern, daß sie - wenigstens zeitweilig - selbst in den Wirtschaftsprozeß eintritt.

Der von der kapitalistischen Produktion erzwungenen Maximierung des Konsums fällt auch die Rolle der stellvertretend für den Mann konsumierenden Dame zum Opfer. Das hängt erstens damit zusammen, daß sich der Ehemann nicht länger dem Zwang zum Konsum entziehen kann: Die konsumorientierte Freizeit wird für *alle* Bürger mehr oder weniger integrierter

Bestandteil der sozialen Rolle. Wer sich hier ausschließt, verhält sich fast ebenso produktions- und damit gesellschaftsfeindlich wie jemand, der sich dem Arbeitsmarkt versagt. Zweitens erweist sich die soziale Vermittlung des demonstrativen Konsums mit Hilfe von abhängigen Personen – Dienern, Frauen – als unangemessen für den gegenwärtigen Stand der Überfluß-Produktion. Wirtschaftlich effizienter als durch Personen erfolgt die Übermittlung des sozialen Status durch die massenweise produzierten Güter des Großkonsums. Die demonstrative Verwertung von Eigenheimen, Haushalts- und Wohnkomfort und privaten Verkehrsmitteln entläßt die Ehefrau aus den Pflichten eines Demonstrationsobjektes.

Die nicht zu übersehende partielle Angleichung der Geschlechterrollen im Produktions- und Konsumptionsprozeß und die Befreiung der bürgerlichen Frauen von der gesellschaftlich erzwungenen objekthaften Muße lassen sich als Zeichen für die Humanisierung der Frauenrolle im 20. Jahrhundert interpretieren. Das ist jedoch allenfalls die halbe Wahrheit, denn der Prestigecharakter der Frau im männlichen Statussystem wurde nicht grundsätzlich aufgehoben und kehrt in veränderter Form und den neuen ökonomischen Bedingungen angepaßt an einer anderen Stelle wieder. Die Besonderheit der gegenwärtigen Verdinglichung besteht darin, daß Jugendlichkeit und körperliche Qualitäten der Frau fast unvermittelt zu Prestigezwecken des Mannes verarbeitet werden. Während die Dame des 19. Jahrhunderts vornehmlich als kostspieliges *Luxus*objekt dem Sozialstatus dienstbar war, beruht der Prestigegehalt der Ehefrau heute eher auf ihrem Charakter als *erotisch-sexuelles Besitz*objekt.

Sozialgeschichtliche Voraussetzung für die Verwertbarkeit dieser Qualitäten der Frau ist der – besonders die bürgerlichen Gruppen betreffende – Funktionswandel der Sexualität in den kapitalistischen Gesellschaften [55]. Für die ersten Phasen der Entwicklung des Kapitalismus war gerade die Einschränkung und Verbannung des Sexualtriebes zugunsten der Stabili-

---

[55] Vgl. dazu H. Marcuse (1964) S. 56-83; R. Reiche (1968) 2. Kap. Zur frühkapitalistischen Phase vgl. besonders N. Elias (1939).

sierung des Leistungsprinzips in den Individuen kennzeichnend. Die für die Durchsetzung der kapitalistischen Produktionsweise notwendige Verankerung des Leistungsgrundsatzes wurde durch Verinnerlichung des asketischen Prinzips im Sozialcharakter der herrschenden Klassen bewerkstelligt, deren Kehrseite die Verdrängung oder Sublimierung sexueller Impulse bildete. Erst der hochentwickelte, Überfluß produzierende Kapitalismus der Gegenwart tendiert dazu, eine begrenzte Entsublimierung der Sexualität zuzulassen - solange sich diese in die bestehende Gesellschaft integrieren läßt. Die derart zubereitete Sexualität erhält die Funktion, die einseitige bürgerliche Orientierung an der leistungsbetonten, asketischen Disziplin zu durchbrechen. Die psychische Ausstattung der Sozialcharaktere soll dahingehend ergänzt werden, daß sie disponible Bedürfnisse für wechselnde Konsumzwecke mit einschließt. Entsprechend diesen gesellschaftlichen Tendenzen forcieren die Bewußtseinsindustrien die Vermittlung sexueller Stimuli und Impulse, ohne den unvorbereiteten und überwältigten Individuen die Möglichkeit zu geben, diese Energien der Befreiung der menschlichen Einzel- und Gruppenbeziehungen zuzuleiten. Folglich bleiben die einzelnen auf die angebotene und immer wieder erneuerte Vor- und Ersatzlust fixiert und damit an den versteckt oder offen mit ihr verknüpften Konsumzwang gebunden.

Unter diesen gesellschaftlichen Umständen können die erotisch-sexuellen Qualitäten der Frau direkter als zuvor in den Dienst verschiedener Repräsentationszwecke treten. Die Frau, die dem "Glamor-Muster" folgt[56], bietet sich anhand von sozial kaum "gemilderten", unmißverständlichen sexuellen Symbolen und Stimuli - etwa in Kleidung oder kosmetischer Zurichtung -, die noch vor kurzer Zeit als den Kokotten vorbehalten und sozial diskriminierend galten[57], als Objekt visueller Ersatzlust an. Damit vermag sie das eigene Prestige oder das des Mannes wirkungsvoll gegenüber einer an diese

---

56 T. Parsons (1964) S. 74.
57 Vgl. S. d. Beauvoir (1968) S. 512 ff.

Reizvorgaben gewöhnten und gebundenen Umwelt zur Geltung zu bringen. Als Gegenleistung für die sozialen Vorteile dieser Statusrolle muß die Frau - wie schon als Dame - ein ungewöhnliches Maß an Arbeit und standardisiertem Konsum akzeptieren[58]. Dazu gehören der unaufhörliche Kampf gegen den Verfall der erotischen Jugendlichkeit und die strenge Befolgung von propagierten Mode-, Kosmetik- und Lebensvorschriften. Der ständig gegenwärtige Konsumzwang behindert jeden Versuch, eine individualisierte Privatsphäre zu etablieren.

Trotz dieser offenkundigen Nachteile ist eine große Gruppe von Frauen bereit, die angetragene Rolle zu übernehmen. Das hat seinen Grund zunächst darin, daß hier die Möglichkeit besteht, Erfolglosigkeit und die Frustrationen im berufsorientierten Statusbereich der Männer zu vermeiden und dennoch - ohne die Flucht in die familiäre Innerlichkeit antreten zu müssen - eine begrenzte soziale Mobilität zu erleben[59]. Die Anziehungskraft dieses unzureichenden Statusersatzes, der vom dominierenden männlichen Prestigesystem abhängig bleibt[60], ist daneben auch Resultat bestimmter Eigentümlichkeiten der weiblichen Sozialisation.

Man kann die Hypothese aufstellen, daß Modekonsum und Schönheits- und Jugendkult vielen Frauen entgegenkommen, weil sie ihnen gestatten, die permanente persönliche Verunsicherung zu überdecken, die aus einer latenten oder manifesten Ich-Schwäche des weiblichen Sozialcharakters resultieren kann. Durch die apersonale Teilnahme an gesamtgesellschaftlich standardisierten Prestige- und Konsumnormen gewinnen die Frauen eine gewisse soziale Identität und ein gewisses soziales Selbstwertgefühl, ohne dafür die - durch die Sozialisation vermittelten - Schwierigkeiten beim Aufbau personaler, solidarischer Gruppenbindungen[61] oder die Fluchtmechanismen vor einer individualisierten Konkurrenzsituation überwinden zu müssen. Im Extremfall führt ein narzißtischer Rückzug auf das eigene Ich dazu, daß Frauen sich

---
58 Vgl. S. de Beauvoir (1968) S. 516 f.
59 Vgl. P. Heintz (1962) S. 65 f; T. Parsons (1964) S. 74 f.
60 Vgl. P. Heintz (1962) S. 65 f; Zinnecker (1972).
61 Vgl. P. Heintz (1962) S. 67.

mit dem Status des kostbaren erotischen Schmuckstücks, den
sie repräsentieren, identifizieren und daraus ihre Identität
ableiten[62].

Es entspricht den sozialgeschichtlichen Veränderungen,
die die Stellung der Frau als Statusobjekt des Mannes vom
19. Jahrhundert bis zur Gegenwart erfährt, daß die gesellschaftlichen Agenturen, die diese Rolle sozialisieren, gewechselt haben. Das Erziehungsziel der bürgerlichen Dame
war, wenigstens teilweise, als Aufgabe der "höheren Töchterschule" definiert. In jedem Fall aber wurde es in der nachschulischen Zeit durch die verschiedenen Formen der Pensionatserziehung vermittelt. Demgegenüber ist die Vorbereitung
der Frau auf die Rolle des Statusobjekts aus den schulischen
Lehrplänen der Gegenwart ausgeschlossen und offiziell streng
tabuiert. Anstelle des Schulunterrichts übernehmen Bewußtseinsindustrien - besonders jene, die als Werbeträger unmittelbar den Konsumindustrien verpflichtet sind - die notwendige Einführung[63]. Die Hilfe der Schule beschränkt sich darauf, durch unterlassene Sozialisationsleistungen und durch
Verstärkung bestimmter Züge des weiblichen Sozialcharakters
die Wirksamkeit von Bewußtseinsindustrien bei der Durchsetzung der Konsumnormen zu erhöhen. Der Einfluß der Bewußtseinsindustrien ist über die psychische Disposition der
Frauen zum ausgeprägt "außengeleiteten" Sozialcharakter vermittelt. Wie an anderer Stelle gezeigt wurde[64], fördert die
Schule gerade diese für die feinsten Impulse der Umgebung
- mögen diese sich nun als konkreter Gruppendruck oder als
allgemeiner Druck der manipulativen Konsumöffentlichkeit
äußern - aufgeschlossene und folglich konformistische Charakterstruktur bei Mädchen.

---

62 Vgl. S. de Beauvoir (1968) S. 511 f; Kiener (1956) S. 65
   Vgl. zur Affinität des weiblichen Sozialcharakters zum Narißmus:
   H. Deutsch (1948); S. de Beauvoir (1968) 11. Kap.
63 Vgl. Renate Dörner (1966) S. 41-46.
64 Vgl. Zinnecker (1972).

2. Kapitel

Erziehung des Mädchens zur idealen Weiblichkeit: Die Frau als Objekt männlicher Projektionen

2.1. Inhalt und Struktur der Ideologie vom "weiblichen Wesen"

Neben der Ideologie der Dame wird die Mädchenpädagogik seit dem 18. Jahrhundert durch eine weitere, die Unterschiede zwischen Mann und Frau betonende ideologische Position beeinflußt. Während jene den Typus der Geschlechterphilosophie vertritt, in dem unter Zuhilfenahme der gesellschaftlichen Dimension argumentiert wird - jedem Geschlecht wird eine genau umschriebene soziale Stellung mit daran geknüpften Verpflichtungen zugewiesen -, repräsentiert diese die Tradition der "Wesensschau" der Geschlechter, in der die weibliche Eigenart als ein vom Mann verschiedenes anthropologisches Grundprinzip gedeutet wird.

Allen Ideologien der Tradition ist gemeinsam, daß sie sich ausschließlich auf die Definition der grundlegend anderen Existenz von Mann und Frau konzentrieren und Gemeinsames vernachlässigen. Dabei erfahren die realen psychischen Differenzen zwischen den Geschlechtern eine ideale Überhöhung: Nicht selten werden mythische Bilder heraufbeschworen. Die verabsolutierten Besonderheiten der Frau sind durchweg mit stark positiven Wertvorstellungen besetzt, die - dieser Eindruck entsteht - über die Wertschätzung des männlichen Prinzips hinausgehen. Der offene Bezug zur gesellschaftlichen Praxis - etwa der des bürgerlichen Patriarchalismus - ist weitgehend ausgespart. Das "Wesen" der Frau wird nicht direkt als zu befolgende Rollenvorschrift für die Frau formuliert.

Das schließt nicht aus, daß sich aus den allgemeinen mythischen Bildern nicht durchaus eine Fülle von Rollennormen ableiten lassen und daß diese nicht auch abgeleitet werden. Umgekehrt besteht ebenso die Tendenz, konkrete soziale Rollen der Frau in mythologisch-prinzipielle Geschlechterideologien zu transformieren. Ein Beispiel hierfür bietet die oben analysierte Rolle der Dame. Charakteristischerweise erscheint in dieser Art der Anthropologie die Besonderheit und Unersetzbarkeit des weiblichen Geschlechtscharakters vorwiegend unter dem Gesichtspunkt des Nutzens für den Mann und die gesamte menschliche Gesellschaft. Jede einzelne der hervorgehobenen Differenzen zwischen den Geschlechtern wird hinsichtlich dieser Frage beleuchtet. Fast alle Verfechter der Ideologie teilen die Ansicht, daß die Unterschiede ungeachtet der Umwelteinflüsse unabänderlich als natürliche, gottgewollte oder schicksalhafte Determinierung des Menschen bestehen. Die Erziehung kann zwar die volle Entfaltung des weiblichen oder männlichen Wesens verhindern, nicht aber die Geschlechtscharaktere vermengen oder sogar vertauschen. Modifizierungen innerhalb der ideologischen Tradition ergeben sich erst bei der näheren inhaltlichen Bestimmung der weiblichen Wesenszüge und aus dem jeweiligen Begründungszusammenhang.

Eine geschichtlich einflußreiche Ausprägung erfährt die Ideologie in der Verklärung des weiblichen Charakters als Quelle männlichen Glücks. Entsprechend dieser Tradition besteht die Erfüllung der Frau darin, dem Mann eine "gesegnete Häuslichkeit" als das "größte Glück des Menschen"[1] zu schenken.

"An der Schwelle dieses Hauses aber steht die Frau. Ich weiß wohl, was ich dort von ihr erwarte; ich weiß, daß ihre weiche Hand mir die Stirn glättet und ihre freundlichen Worte wie frische Thautropfen auf die Mühen des Tages fallen. Ich weiß, daß ich meine Sorge nicht hinüberzutragen brauche in dieses Reich meiner Lieben, und daß die Arbeit an mich kein Recht mehr hat, wenn ich jene Grenze überschreite. Ich weiß, daß ich hier von anderen Dingen höre und mich an anderen freue als draußen in der Welt, und wenn der starke, der arbeitsmüde Mann und sein Erfolg

---

[1] Ärztliches Gutachten (1884) S. 108.

zum Stolz des Hauses wird, so darf ich wohl sagen, daß die freundliche Frau der Schmuck desselben ist"[2].

Der "sorgebeschwerte, von Arbeit erdrückte Mann", der "die schwerste Bürde" trägt[3], soll durch die Frau "Frieden", "die edelsten Freuden" und "alles Edle und Gute"[4] erfahren. Sie flicht und webt ihm "Himmlische Rosen ins irdische Leben"[5], ist für ihn eine "glücklich stille Oase", "ein Rest aus dem Paradiese"[6].

Die sozialgeschichtliche Basis für die im 18. Jahrhundert beginnende und während des 19. Jahrhunderts - vor allem im "Biedermeier" - dominierende ideologische Tradition wird durch die voranschreitende institutionelle Arbeitsteilung der Gesellschaft geschaffen. Die zunehmende Reduzierung von Funktionen des "ganzen Hauses" zwingt den meisten Gruppen bürgerlicher Männer die Trennung von Arbeit und Privatleben, von öffentlicher und privater Existenz auf. Parallel hierzu wachsen aufgrund der sich vertiefenden Kluft zwischen den Rollenanforderungen in den beiden Bereichen die individuellen Probleme bei der Integrierung der divergierenden sozialen Orientierungen. Um den vom kapitalistischen Wirtschaftssystem erzwungenen ökonomischen Egoismus, den Konkurrenz- und Leistungsdruck "psychohygienisch" kompensieren zu können, kultiviert das Bürgertum Haus und Familie als "natürliche Heimath des Schönen"[7]. Nur hier ist es dem Familienoberhaupt noch gestattet, ausschließlich "ganz Mensch" zu sein. Der Frau ist die wichtige Funktion der Vermittlung dieser humanen Werte zugedacht. Da sie noch nicht der Dichotomie von gesellschaftlicher Arbeit und privatistischer Existenz ausgesetzt ist, repräsentiert sie in den Augen des männli-

---

2 L. v. Stein (1886) S. 94; ebenso S. 141: Der Ehemann "will jemand, dem nicht bloß das Herz für ihn schlägt, sondern dessen Hand ihm auch die Stirn glättet." Vgl. ferner H. Jakoby (1871).
3 Herchenbach (1873) S. 76.
4 Friedländer (1847) S. 5.
5 Schiller: "Würde der Frauen". Vgl. ferner "Die Glocke" und "Die Geschlechter".
6 Ph. v. Nathusius (1871); zit. nach E. Meyn-von Westenholz (1936) S. 126.
7 L. v. Stein ([6]1886) S. 136.

chen Bürgers eine menschliche Seinsweise, die er, der der
Gefahr der "Verbarbarisierung"[8] als Bürger und Berufstätiger
stärker unterliegt, nicht mehr selbst besitzt. Mit Hilfe der
bei der bürgerlichen Ehefrau forcierten Humanität soll der
Mann für den ökonomischen Kampf im Konkurrenzkapitalismus
gleichzeitig belohnt und zu dessen Fortsetzung befähigt werden.

"Ich kann nach dem Schönen in der Arbeit ringen, aber ich habe es selbst nicht, solange ich danach strebe. Die Folge aber, welche zum Nachsinnen anregt, ist, daß ich vielleicht gerade darum das Schöne und Freundliche nicht genießen kann, während ich arbeite. Es will immer eine feste Voraussetzung, auf der es steht, und das ist die Ruhe nach gethaner Arbeit. Diese Ruhe aber ist für den Menschen (d.i. der Mann. d. Verf.) das Haus; sein Haus ist die Heimath nicht dessen was er besitzt, sondern dessen, was er von dem, das er besitzt, zu genießen strebt. Und wenn er das weiß, so weiß er auch, daß er ein Recht auf diesen Genuß hat. Erst dieser Genuß ist ihm der rechte Lohn. Die eine stille Stunde, die er genießend ausfüllt, ist der Preis, den ihm das Leben für das zahlt, was er für dies Leben in den anderen Stunden geleistet hat. Und diesen Preis fordert er; ... und darum fordert der Mensch (d.i. der Mann. d.Verf.), was durch sein Wesen bedingt wird, eine Stunde und eine Stätte für die Ruhe nach der Arbeit, und in denselben einen freundlichen, genußreichen Augenblick, den wahren Lohn seiner Tagesmühe. Die aber soll ihm das Haus bieten; vor der Schwelle seines Hauses gehört er der Arbeit, hinter derselben dem friedlichen Genuß. Es ist sein zweites Leben, das da beginnt, der Lohn für seinen Tag. Und dieses Lohnes bedarf er wie der Wein der Blume, um das Herz zu füllen.
Und wer soll dasjenige ihm nun geben in diesem seinem Hause, wodurch das Haus ihm allein zu bieten vermag, was es ihm immer bieten soll? Ich weiß es, Sie werden mich nicht erst fragen"[9].

Die Herkunft eines solchen Denkens aus ständischen Vorstellungen und Wertmustern ist ebenso offenkundig wie dessen Besonderheit gegenüber einem solchen Ansatz. Der Akzent der Argumentation liegt nicht mehr ausschließlich auf den zu erfüllenden äußeren Rollenverpflichtungen, sondern hat sich auf die Verpflichtungen der Frau zur Darstellung bestimmter Tugendmuster verlagert. Weibliche Rollennormen und Charakterqualitäten werden als weitgehend identisch und in gleicher Weise funktional auf den Mann bezogen angesehen. Mei-

---

8 Vgl. Banks (1964) S. 58 f. Folgerichtet lehnt man den Eintritt der bürgerlichen Ehefrau in den Arbeitsprozeß mit dem Argument ab, durch die Angleichung an die Lebensbedingungen des Mannes müsse die Menschheit inhumaner werden (vgl. Banks (1964) S. 46 f).
9 L. v. Stein ([6]1886) S. 137 f.

stens versucht man, aus der Existenz des einen die Notwendigkeit des anderen zwingend herzuleiten. Aufgrund der Sozialgeschichte des Bürgertums verändert sich das Schwergewicht der Argumentation allerdings zugunsten des in die Frau verlegten "weiblichen Wesens". Der historische Wandel in der Begründung des ideologischen Überbaus hängt mit der zunehmenden Psychologisierung der sozialen Beziehungen, die sich auch auf das Verhältnis der beiden Geschlechter zueinander erstreckt, zusammen. Im Verlauf dieses Prozesses, der von den adeligen Oberschichten ausgeht und vom Bürgertum weitergeführt wird, verfeinert sich das Verständnis für die Besonderheiten der eigenen und fremden Individualität und der psychischen Qualitäten, die dieser Individualität zugrundeliegen[10]. Neue oder alte ständische Grenzen innerhalb der Gesellschaft lassen sich zunehmend weniger unter Hinweis auf religiöse oder soziale Gesetze rechtfertigen. Als wirkungsvoller erweist sich der (Zirkel-)Schluß von der psychischen Eigenart auf die ständische Aufgabenteilung. Während deshalb bis zum 18. Jahrhundert die ständischen Funktionen von Mann und Frau der Argumentation als selbstverständlicher Bezugsrahmen zugrundeliegen und diese Sichtweise von sozialkonservativen Autoren - z. B. Riehl, Stein oder Raumer - im 19. Jahrhundert weitergeführt wird, tritt allmählich daneben die Rechtfertigung der unterschiedlichen Rollenverpflichtungen unter Hinweis auf die unterschiedliche psychische Struktur der Frau.

Das neuentdeckte "Wesen" der bürgerlichen Frau wird zum Ziel männlicher Wunschphantasien. In ihren Charakter verlegt der Bürger die Erfüllung menschlicher Glücksmöglichkeiten, deren Realisierung ihm selbst aufgrund der Versagungen und psychischen Spannungen, die ihm durch seine Sozialisation und soziale Position auferlegt sind, vorenthalten bleibt. In seinen Augen lebt und soll die Frau im Zustand einer geschützten, tabuierten Unschuld leben. Solange "sie doch ihre Welt in ihrem häuslichen Kreise"[11] findet und der Welt des

---

10 Vgl. N. Elias (1939) Bd. 1.
11 Friedländer (1847) S. 5.

Mannes mit deren ökonomischen und sozialen Gefahren nicht ausgesetzt ist, repräsentiert sie den Zustand der Menschheit vor dem Sündenfall, das heißt vor der Emanzipation des Mannes aus den Fesseln der traditionalen Gesellschaft, die die Erkenntnis des "Bösen" brachte [12]. Während der bürgerliche Mann die Anpassung an die widersprüchlichen Gesetze des liberalistischen Kapitalismus mit der Desillusionierung und unheilvollen Spaltung der Person bezahlen mußte, soll in der Frau noch - ebenso wie im Kind - die gesunde, heile und ganze Persönlichkeit weiterleben können. Deshalb erwartet der Bürger von der Frau, daß sie Charakterqualitäten und Triebmomente, die er dem Leben in der bürgerlichen Gesellschaft aufopfern muß, stellvertretend für ihn realisiert. Statt der Kultivierung aggressiver Züge soll sie in sich die "sorgende, selbstlose Liebe" [13], das heißt ihre Fähigkeiten zum "Hegen, Heilen, Verstehen, Erhöhen" [14], zum "Hegen und Schützen und Pflegen" [15] ausbilden. Da dem "weiblichen Wesen" Qualitäten wie altruistische Solidarität, erotisch und ästhetisch vermittelte Beziehungen zum Gegenüber und ein feines Sensorium für Wünsche und Besonderheiten der anderen Menschen zugesprochen werden [16], ist der Frau auch die Erhaltung "der das Persönliche sichernde(n) Werte" übertragen [17].

Die realitätsflüchtige Sehnsucht der bürgerlichen Geschlechterideologien verdichtet sich in zwei symbolischen Grundmustern: im Vergleich des weiblichen Wesens mit dem pflanzlichen Sein und in der Gleichsetzung von weiblicher und mütterlicher Existenz.

Die Blumenmetapher zielt auf die Verbindung der Frau mit der Natur[18] - und zwar der befriedeten:

---

12 Vgl. Banks (1964) S. 46 f.
13 Schumacher-Köhl (^{2}1954) Sp. 19; vgl. Keyserling (^{3}1926) S. 40; Lersch (1950) S. 45 f; Spranger (1965) S. 170; Raumer (1853) S. 80 f; Herchenbach (1873) S. 80; u. a.
14 Spranger (1965) S. 12, S. 109/170.
15 Leclercq (1955) S. 290; vgl. E. Stein (1956) S. 157/88 f; u. a.
16 Vgl. H. Lange (1928) S. 159; Herrmann (1843) S. 8 ff.
17 Scherer (1954) Sp. 2; vgl. Maeder (1926) S. 383; u. a.
18 Vgl. zur Naturaffinität der Frau: Spranger (1965) S. 10 u. a.; Lersch (1950) oder Schiller, der in "Würde der Frauen" diese als "Treue Töchter der frommen Natur" apostrophiert.

"Im Aspekt des Weiblichen scheint das Animalische, ebenso aber auch alle Initiative überwunden. Auf Grund eines geheimen Zusammenhangs zwischen Anfang und Ende der Schöpfung scheint es uns, als ob das anfängliche Leben, das pflanzenhafte, in der Frau zur Erfüllung komme. Dies ist es, was die geheimnisvolle Innerlichkeit der Frau ausdrückt"[19].

Die "Immanenz" des naturnahen Wesens der Frau beruht auf ihrem vor-bewußten Leben, das ihr möglich wird, weil sie vom Zwang, eine bedrohliche Umwelt bewußt handelnd zu bewältigen, befreit ist. Das weibliche Wesen besitzt deshalb "viel mehr Einheit"[20] der Persönlichkeitsstruktur als der Mann, dessen "Wesensschicksal" es ist, sich zugunsten der objektiven gesellschaftlichen Leistung "in sich selbst zu spalten" und die "Ganzheit der Seele" einzubüßen [21]. Die Frau dagegen verharrt im selbstgenügsamen Narzißmus und schmückt wie eine Blume das männliche Leben [22] - "Traum ihrer selbst, des Mannes und der Menschheit"[23].

Durch die Metapher vom mütterlichen Wesen der Frau, die - im Gegensatz zur Blumen-Analogie - von der bürgerlichen Frauenbewegung akzeptiert und in das Selbstbild übernommen wird[24], sucht man die verschiedenen postulierten altruistischen Charakterqualitäten in einem Bild zusammenzufassen[25]:

"Dann sehen wir aber auch, daß Mütterlichkeit als ehrfürchtiges, behutsames Mit-Sein, im selbstlosen Sich-Geben, Wärmen, Nähren, Pflegen und Liebkosen die Macht ist, die überall und allezeit im Menschen, in Natur und Kultur das Verborgene, Zarte, Fragile, Schutzbedürftige, Keimende hervorruft, in den menschlichen Beziehungen der Freundschaft und Liebe, in Erziehung und caritativer Arbeit, aber auch in aller Kunst und nicht minder in jeder Erkenntnis, die ihren Ursprung in Staunen und Bewunderung, in der Liebe zum Seienden hat"[26].

---

19 Buytendijk (1953) S. 208; vgl. die entsprechende Vorstellung in der deutschen Romantik (E.M. Arndt oder H. v. Schubert).
20 Spranger (1965) S. 10.
21 Spranger (1965) S. 60 f.
22 Vgl. Buytendijk (1953) S. 219.
23 Buytendijk (1953) S. 220.
24 Vgl. den Begriff der "geistigen Mütterlichkeit" bei H. Lange (1928) (2) S. 158 f; ferner Meyn-von Westenholz (1936) S. 112.
25 Vgl. z. B. H. Nohl (1949) S. 129 f; (1947) S. 132 f; (1961) S. 137, 195 u. a.; E. Spranger (1965) S. 178 u. a.; Schumacher-Köhl (1954); Leclercq (1955) S. 287.
26 Buytendijk (1953) S. 287.

Sprache und Emotion, mit der Blumen- und Muttermetaphern
vorgetragen werden, rücken das weibliche Wesen in den Bereich kultischer Verehrung. Der Bürger betet die Frau als
"reinen Engel"[27] an. Ihr "Gemüth" erscheint ihm als "Tempel",
sie selbst als "Priesterin", "welche auf dem Altare der Häuslichkeit das Feuer alles Edlen und Guten unterhält"[28] - oder
als "Königin", welche "die seligen Kräfte, ... die den Frieden bringen"[29], besitzt. Er nimmt an,

"daß in dem ganz geläuterten, zu voller Reinheit zurückgekehrten Wesen
der Frauenseele für den Mann etwas Erlösendes liegt, etwas, das ihn von
seinem Suchen und seiner Unruhe befreit und ihn emporführt"[30].

Der Mann bestellt die Frau aber auch - das deutet der Muttermythos an - zur Richterin über die bürgerliche Moral[31]:

"Man könnte mit einer etwas gewagten Aufteilung die Moral die weibliche,
Recht und Staat die männliche Ordnungsform des Volkslebens nennen"[32].

Indem er sie "den Zepter der Sitte" (Schiller) führen läßt,
bindet der bürgerliche Mann die Frau an die Erfüllung der
strengen sittlichen Normen, die die Basis der bürgerlichen
Identität darstellen. Gleichzeitig entlastet er durch die
Delegierung an die Frau die eigene private und öffentliche
Existenz von deren rigoristischen, dem kapitalistischen Alltagskampf ebensowenig wie den persönlichen Triebbedürfnissen
angepaßten Ansprüchen: Er darf eine doppelte Moral etablieren, ohne den Glauben an das Vorhandensein einer moralischen
bürgerlichen Welt und die Teilhabe daran aufgeben zu müssen.

---

27 E.M. Arndt (zit. nach Blochmann (1966) S. 63); Banks (1964) S. 109.
28 Friedländer (1847) S. 5/13; vgl. ferner E.M. Arndt (zit. nach Blochmann (1966) S. 63).
29 F.W. Foerster (1959) S. 23 f.
30 E. Spranger (1965) S. 175. (In Anlehnung an Goethes Sicht in Faust II).
31 Vgl. H. Glaser (1964) S. 206.
32 E. Spranger (1965) S. 87.

2.2. Voraussetzungen und Funktionen der projektiven Geschlechterideologie

Um die realen Einflußmöglichkeiten der Ideologien vom idealen Wesen der Frau auf den Mädchenunterricht angeben zu können, müssen zunächst einige ihrer historischen und sozialen Grenzen, Voraussetzungen und Funktionen näher bestimmt werden. Sucht man die Trägergruppe der ideologischen Tradition, so stößt man - einmal vorausgesetzt, die Auswahl der obigen Belege entspricht einem annähernd repräsentativen Querschnitt - auf bürgerliche, zumeist dem Bildungsbürgertum zuzurechnende Männer. Diese gehen zu einem kleineren Teil von liberalen Gesellschaftsvorstellungen aus; die größere Gruppe ist als Vertreter sozialkonservativer Richtungen bekannt. Alle gehören Berufsgruppen an, die arbeitsteilig die ideale Überhöhung und ideologische Sinngebung des tatsächlichen oder wünschenswerten Zustandes der bürgerlichen Gesellschaft übernommen haben: Dichter, Theologen, allgemeine oder pädagogische Philosophen und Gesellschaftstheoretiker.

Zeitlich beschränkt sich die Wirksamkeit der Ideologien im engeren Sinn auf den Zeitraum vom Ausgang des 18. bis zum Ende des 19. Jahrhunderts, also etwa auf die Zeit des liberalistisch gedachten Kapitalismus im ökonomischen Sektor und des bürgerlichen Patriarchalismus in der Familie. Davor überwiegt in der Literatur die Zuweisung handfester ständischer Rollenverpflichtungen an die Frau - nach der Zeit der Frauenbewegung nimmt die Verbreitung der klassischen Geschlechterideologien bis zur Gegenwart hin schnell ab. Sie erleben allerdings um die Jahrhundertwende und in den ersten Jahrzehnten des 20. Jahrhunderts eine ausgesprochene Renaissance. Dabei verändert sich ihre Gestalt und auch die Inhalte werden modifiziert. Träger dieser neuen Wesensschau der Frau sind die literarischen Vertreter der bürgerlichen Frauenbewegung und konservative Pädagogen und Philosophen wie E. Spranger, H. Nohl oder F.W. Foerster.

Die Uminterpretation des "weiblichen Wesens" um 1900 ist im Zusammenhang mit den sozialgeschichtlichen Veränderungen in der Stellung der Frau zu sehen. Da durch die Zulassung der Frau zum Arbeitsmarkt und zu öffentlichen Institutionen dem bürgerlichen Patriarchalismus um 1900 die ökonomische Basis entzogen wird, geht auch die zugehörige Tradition der Geschlechterideologie der alten Aufgabe als Teil des philosophischen Überbaus verlustig. Nur durch die rechtzeitige Neudeutung der weiblichen Ideologie bleibt ihre gesellschaftliche Wirksamkeit erhalten. Die Anpassung an die gewandelte soziale Situation zeigt sich darin, daß die positiven gesellschaftlichen Funktionen des "weiblichen Wesens" nicht mehr dem einzelnen Mann und der einzelnen Familie zugutekommen sollen, sondern als eine gesamtgesellschaftliche Angelegenheit gewertet werden. Man hält zwar weitgehend an der Überzeugung von den glücksspendenden, humanisierenden Möglichkeiten der Frau fest, will deren Wirksamkeit aber auf alle sozialen Bereiche ausgedehnt wissen.

"In der echten Frau aber, ob sie innerhalb oder außerhalb des Familienkreises wirkt, ist etwas lebendig von dem göttlichen: Kommet her zu mir, ihr Mühseligen und Beladenen. Diese seelische Produktivität der Frau ist der Welt genau so nötig wie die rein geistige des Mannes"[33].

Die realpolitische Forderung der Frauenbewegung nach Gleichberechtigung innerhalb der bürgerlichen Gesellschaft erhält durch die Forderung nach der gleichberechtigten Verwirklichung der "weiblichen Wesensart" in dieser Gesellschaft eine utopische Wendung. Die "Kulturaufgabe" der Frau soll danach sein, ein "höheres politisches Leben" zu begründen,

"indem sie den Geist des Heims, den Geist der Fürsorge, der Verantwortlichkeit von Seele zu Seele, der menschenverbindenden Herzensgüte, zu einer ins ganze Leben dringenden Macht erhebt"[34].

Man verspricht sich weithin von der Realisierung dieser idealen Idee nicht nur eine "Vermenschlichung"[35] der kapitalistischen Gesellschaft, sondern geradezu eine "Kulturheilung"[36].

---

33 H. Lange (1928) (2) S. 158 f.
34 F.W. Foerster (1959) S. 25.
35 F.W. Foerster (1959) S. 22.
36 E. Spranger (1965) S. 97.

"Dank ihres mütterlichen Triebes zu Liebe und Dienst besitzt die Frau die Instinktgrundlage für die Heranbildung einer neuen Menschheit, in welcher die Prinzipien des Verstehens, der Liebe und des Altruismus die Prinzipien der Macht und Gier überwinden sollen"[37].

Entsprechend der Weiterentwicklung des Wissenschaftsbetriebes ist die vorwiegende literarische Form, in der die alte Tradition im 20. Jahrhundert sogar bis zur Gegenwart hin überlebt, die der Systematisierung als philosophische Anthropologie. Die Trägergruppe der Ideologie hat sich dabei reduziert und besteht jetzt aus Psychologen oder Pädagogen, die sich an einer spekulativ-metaphysisch verstandenen Philosophie orientieren. Als für das deutsche Sprachgebiet charakteristische Namen lassen sich C.G. Jung, Neumann, F.W. Foerster, Klages, E. Spranger oder Lersch anführen. Wiederum sind einige charakteristische inhaltliche Veränderungen zu konstatieren. Sie beziehen sich vor allem auf den Abbau der starren Zuordnung der "Weiblichkeit" oder "Männlichkeit" zu einem bestimmten Geschlecht. Diese werden entweder als allgemeine menschliche "Seinsmöglichkeiten" umgedeutet, die beiden Geschlechtern grundsätzlich zugänglich sind, wenn sie sich auch bei einem Teil häufiger verwirklichen; oder als zwei grundlegende Bestandteile des Charakters eines *jeden* Menschen, wobei sich die einzelnen Personen und die Geschlechter nur in der Verteilung und Gewichtung der weiblichen oder männlichen Komponenten der Psyche unterscheiden.

Vertreter der ersten Interpretationsweise ist - um ein für die Gegenwart bezeichnendes Beispiel zu nennen - der in Deutschland häufig zitierte Geschlechterphilosoph Buytendijk (1953). Er stellt der männlichen Seinsweise, die den homo expansivus und homo faber umfaßt, ein weibliches Prinzip gegenüber, das er als homo eroticus und homo curativus identi-

---

[37] B.M. Hinkle (1926) S. 215. Vgl. H. Lange (1928) (2) S. 159:
"Die Frau kann und soll aus der Welt des Mannes eine Welt schaffen, die das Gepräge *beider* Geschlechter aufweist; sie muß in die Welt ihre eigenen Werte tragen und dadurch in einer Arbeit von Jahrhunderten eine neue soziale und sittliche Gesamtanschauung schaffen helfen, in der *ihre* Maßstäbe dieselbe Geltung haben wie die des Mannes."

fiziert[38]. Gleichzeitig weist er darauf hin, "daß die weibliche Art der Begegnung mit der Welt und das sorgende Verweilen bei dem, was der Sorge bedarf, allgemein menschlich ist, also auch jeder Mann die Freiheit hat, beim Seinswert der Dinge zu verweilen"[39]. Umgekehrt kann es "sehr wohl das konkrete Dasein einer Frau sein", in dem "die Idee des Männlichen im menschlichen Dasein zum Ausdruck kommt"[40].

Die zweite Interpretationsweise fußt auf der psycho-analytischen Entdeckung der gegengeschlechtlichen psychischen Bestandteile in der Persönlichkeitsstruktur von Mann und Frau. Verbreitung fand sie in der mystisch überhöhten Form, die ihr C.G. Jung und dessen tiefenpsychologische Schule in der Theorie des Animus und der Anima verlieh[41]. Nach dieser Lehre befindet sich der gegengeschlechtliche Anteil der Psyche, der beim Mann Anima, bei der Frau Animus genannt wird, im Unbewußten einer jeden Person[42]. Das Unbewußte, dessen Inhalte ganz allgemein in einer komplementären Beziehung zu denen des Bewußtseins stehen sollen[43], speichert das Bild des anderen Geschlechts jeweils aufgrund von persönlicher Anschauung, individueller Charakterform und aufgrund der Vererbung des kollektiven Archetypus[44]. Das gegengeschlechtliche Prinzip ist für Mann und Frau nicht nur eine geheime Bedrohung der geschlechtlichen Identität (Persona)[45], sondern bleibt - wegen der Herkunft aus dem Unbewußten - auch gegenüber der bewußten Verkörperung im anderen Geschlecht "etwas Minderwertiges"[46]. Deshalb bedeutet die Realisierung des Gegengeschlechtlichen, die dem Mann und der Frau prinzipiell möglich sind, einen Rückfall hinter die besten Möglichkeiten der personalen Verwirklichung:

---

38 Buytendijk (1953) S. 244.
39 Buytendijk (1953) S. 221.
40 Buytendijk (1953) S. 260.
41 Vgl. C.G. Jung (1945); (^{3}1948); (^{6}1948); (1954); Jacobi (1959).
42 Jacobi (1959) S. 173 ff.
43 Jung (1945) S. 91 ff.
44 Jung (1945) S. 117 ff.
45 Jung (1945) S. 128 f.
46 Jung (1948) S. 29 f.

"Da aber der Mensch Männliches und Weibliches in seiner Natur vereinigt, so kann ein Mann Weibliches und eine Frau Männliches leben. Jedoch steht dem Mann das Weibliche im Hintergrund sowie der Frau das Männliche. Lebt man nun das Gegengeschlechtliche, so lebt man in seinem eigenen Hintergrund, wobei das Eigentliche zu kurz kommt. Ein Mann sollte als Mann leben und eine Frau als Frau. Das Gegengeschlechtliche ist immer in gefährlicher Nachbarschaft des Unbewußten"[47].

Die sozialgeschichtlichen Bedingungen für die skizzierte Lockerung des Zusammenhangs von "männlichem" oder "weiblichem" Prinzip und persönlicher Zugehörigkeit zu einem Geschlecht in den Geschlechterideologien des 20. Jahrhunderts liegen auf der Hand. Die Einbeziehung der Frauen in den Arbeitsprozeß führte über die Angleichung der sozialen Situation beider Geschlechter auch zu einer Angleichung des Sozialcharakters und verhalf einigen Gruppen von Frauen dazu, vorher als ausschließlich dem Mann mögliche Interessen- und Charakterstrukturen zu verwirklichen. Geschlechterideologien, die diese egalitäre Entwicklung unbeachtet lassen, geraten mit der veränderten psychischen und sozialen Realität in Konflikt. Ebenso setzen sie sich aber gegenüber der vom Kapitalismus verbreiteten Idee und Ideologie des Individualismus ins Unrecht, die die personale Entwicklungsmöglichkeit des Einzelnen - unabhängig von gruppen-, also auch geschlechtsspezifischen Besonderheiten - als demokratisches Recht ausgibt.

Obwohl es offenkundig einer Reihe von Geschlechterideologen gelang, die Inhalte den veränderten sozialen Bedingungen anzupassen, läßt sich nicht verkennen, daß die Verbreitung und Wirksamkeit literarisch verbindlich formulierter Geschlechteranthropologien in den letzten Jahrzehnten unaufhörlich zurückgeht. Das legt die wichtige Vermutung nahe, daß die jüngste Schrumpfung des ideologischen Überbaus nicht hinreichend durch den Hinweis auf die abnehmende soziale

---

[47] Jung (1948) S. 13. Jung bekennt sich damit zu einem altkonservativen Argument, das vor 1900 dazu diente, das Eindringen von Frauen in männliche Rollenfelder ideologisch abzuwehren. Vgl. L. v. Stein (1886): "Die Frau kann zuletzt ... alles, was der Mann kann. Aber ... während wir das nicht bestreiten, ist es andererseits ebenso gewiß, daß die Frau, sowie sie das Männliche wirklich thut, nur eine weibliche Form des Mannes und keine Frau mehr ist" (S. 24).

Distanz und die Rollenvermengung zwischen den Geschlechtern erklärt ist. Es erscheint theoretisch fruchtbarer, die Erscheinung mit der allgemeinen gesellschaftlichen Tendenz im gegenwärtigen Industriekapitalismus zum Abbau der klassischen bürgerlichen "Hochideologien" (E. Topitsch)[48] in Zusammenhang zu bringen. Der historische Prozeß wird - abgesehen von sozialgeschichtlichen Nebenbedingungen[49] - entscheidend durch Veränderungen im dominierenden Sozialcharakter mitbestimmt[50]. Entsprechend den Kategorien der psychoanalytischen Persönlichkeitstheorie stellen sich diese als Schwächung der Ich-Stärke des Individuums dar - nicht zuletzt aufgrund des Schwindens eines Ich-Ideals als dem für den Aufbau des Ich konstitutiven Teil des Über-Ich[51]. Die Rückentwicklung dieser Persönlichkeitsstruktur, die das Rückgrat eines wenigstens in einigen Gruppen und Institutionen wirksamen anspruchsvollen bürgerlichen Individualismus bildete, begünstigt auf individueller Ebene die Entstehung eines angepaßten und - an den Maßstäben und Möglichkeiten des klassischen bürgerlichen Charakters gemessen - falschen glücklichen Bewußtseins[52]; auf gesellschaftlicher Ebene die Einebnung kollektiver politischer und sozialer Zukunftsziele und -ideale[52]. Bürgerliche "Hochideologien", deren ausgeprägte Idealbildung wenn nicht Handlungsimpulse, so doch immer Hoffnungen auf eine Verbesserung der bestehenden gesellschaftlichen Bedingungen einschloß und die - beim Wort genommen - Handhaben für die Kritik der jeweiligen Realsituation boten, werden angesichts dieser sozialpsychologischen Veränderungen theoretisch als metaphysisch-spekulativ abqualifiziert[52] und praktisch zu gesellschaftlichen Randerscheinungen degradiert.

---

48 Vgl. E. Topitsch (1966) S. 21 ff.
49 Vgl. E. Topitsch (1966) S. 23 ff.
50 Die bekannteste unter den nicht seltenen Analysen der Veränderungen ist wohl David Riesmans Beschreibung des Übergangs von der "innengeleiteten" zur "außengeleiteten" Persönlichkeit.
51 Vgl. R. Reiche (1968) S. 122 ff.
52 Vgl. H. Marcuse (1964).

Über der historischen und inhaltlichen Zuordnung zu den klassischen bürgerlichen "Hochideologien" dürfen die besonderen Strukturen der Ideologie des weiblichen Wesens nicht vernachlässigt werden. Sie fällt unter die Gruppe der Ideologien, die sich - etwa wie die religiösen Vorstellungen und Ideale der Zeit - als kollektive psychische Projektion erklären und ideologiekritisch analysieren lassen[53]. Die aus diesem Erklärungsmodell abgeleitete allgemeine Hypothese lautet, daß der Charakter der Frau dem bürgerlichen Mann als Gegenstand dient, an dem er seine "unrealistischen" Wunschbilder, das von ihm Verdrängte oder nicht Realisierte, in der sozialen Realität festmachen kann[54]. Die Projektion wird zwar individuell vom einzelnen Mann vorgenommen und trägt deshalb häufig die Züge individueller Pathologie, soziale Relevanz erhält sie jedoch erst als kollektives Phänomen. Die generelle inhaltliche Verwandtschaft der einzelnen Übertragungen resultiert aus der vergleichbaren gesellschaftlichen Situation und der Ähnlichkeit des Sozialcharakters einerseits und der Herausbildung einer den Konsensus sichernden geschlechter-mythologischen Überlieferung anderseits.

Der projektive Charakter der klassischen Geschlechterideologien wird einsichtig, wenn man sich den Unterschied zu den philosophischen Anthropologien des "Menschen" - d.i. des Mannes - vor Augen führt. Diese entfernen sich weit weniger als jene von der beobachtbaren Realität und haben einen handfesteren Bezug zum Sozialcharakter des Mannes. Es gibt zwar Anhaltspunkte für das postulierte "Wesen" der bürgerlichen Frau in deren Sozialcharakter, da dieser davon geprägt ist, daß ihm wesentliche Momente der im Verlauf der Entwicklung des Kapitalismus von den bürgerlichen Männern errungenen psychischen Struktur ganz oder teilweise abgehen. Dazu ge-

---

53 Entsprechend der Natur der Sache - der mythologischen Struktur von Geschlechterphilosophien - ist die folgende Analyse einer ideologiekritischen Tradition verpflichtet, in der scheinbar vernunftbestimmte gesellschaftliche Ideen auf ihre Abhängigkeit von unkontrollierten psychischen Mechanismen innerhalb des kollektiven Sozialcharakters hin untersucht werden. Vgl. K. Lenk (1964) S. 29 ff; II. Kap.
54 Eine vergleichbare These liegt auch den Untersuchungen S. de Beauvoirs (1968) - vgl. bes. 1. Buch, 3. Teil (Mythos) - zugrunde.

hören die vorwiegende Innenleitung, eine den ökonomischen und kulturellen Leistungen zufließende Indienstnahme sexueller Energien durch Sublimierungsprozesse und das distanziert-manipulative Verhalten gegenüber der natürlichen und menschlichen Umwelt. Entscheidend ist aber, daß die der Frau zugeschriebene Verwirklichung einer gleichwertigen alternativen psychischen Struktur angesichts der Dominanz der kapitalistischen Verhältnisse und des männlichen Sozialcharakters keine ausreichenden realen Entwicklungsmöglichkeiten findet. Die unüberbrückbare Distanz zur gesellschaftlichen Wirklichkeit wird besonders bei der Zielsetzung der Anthropologien, dem "Wesen" der Frau einen uneingeschränkt positiven Sinn abzugewinnen, deutlich. Während man beim männlichen "Wesen" auf dessen unübersehbare, objektivierte gesellschaftliche Leistung verweisen kann, muß man sich hier auf rational schwer faßbare "atmosphärische" Werte wie erotische oder soziale Gefühlsbindungen berufen, die weder als zentral für den gesellschaftlichen Fortschritt angesehen, noch von allen Gruppen des Bürgertums ohne weiteres als positive kulturelle Leistungen akzeptiert werden.

Die spezifische inhaltliche Prägung der klassischen Geschlechterideologien ergibt sich aus der historischen Entwicklung eines besonderen Leistungsprinzips als Teil des bürgerlichen Sozialcharakters[55]. Dessen intensive Ausrichtung auf die asketische, isoliert-individualistische, aggressive und aktivistische Bemeisterung der Realität zwingt zur weitgehenden Sublimierung oder Verdrängung sozialer, erotischer und Muße-Qualitäten. Diese bleiben, statt in *den* Instanzen der Persönlichkeit mitzubestimmen, die für die bewußte Gestaltung der individuellen und gesellschaftlichen Geschichte zuständig sind, auf die Ebene von Traum und Phantasie beschränkt. Die elementare Funktion der Ideologie des weiblichen Wesens - wie auch die der ästhetisch-künstlerischen Ausdrucksformen - besteht darin, diese Qualitäten durch die Objektivierung im kulturellen Überbau des Einzel-

---

55 Vgl. hierzu und zum folgenden H. Marcuse (1965); R. Reiche (1968).

nen und der Gesellschaft vor dem Vergessenwerden, dem Abdrängen ins Unbewußte zu bewahren - wenngleich ihre historische Ohnmacht gegenüber dem geschichtsmächtigen Leistungsprinzip bestehen bleibt.

Aufgrund der vorangegangenen Analysen läßt sich die ideologiekritische Frage nach der Qualität des Praxisbezuges in den projektiven Geschlechterideologien grundsätzlich beantworten. Zunächst sind die sozialen Funktionen zu beachten, die vom Standpunkt eines emanzipatorischen Interesses aus gewisse positive Implikationen ermöglichen. Die philosophische Fixierung von Alternativen zur vorherrschenden, aus der Rolle des Mannes abgeleiteten Anthropologie enthält versteckt ein gewisses Maß an Gesellschaftskritik. Der latente kritische Charakter wurde manifest, als die bürgerliche Frauenbewegung sich Teile des in die Frau projizierten Sozialcharakters als kollektives Ich-Ideal zu eigen machte [56]. Der Versuch, der Frau und damit dem zuvor von der bürgerlichen Welt verklärten weiblichen "Wesen" mit Hilfe einer organisierten Bewegung die gleiche Wirksamkeit und Stellung in allen öffentlichen Institutionen wie dem Mann und dessen "Kulturprinzip" zu verschaffen, wurde - solange sie politisches Gewicht besaß - als gesellschaftliche Bedrohung empfunden. Das zeigt unter anderem die heftige und weitverbreitete anti-feministische Reaktion zwischen 1890 und 1918 [57].

Nimmt man diese Bestrebungen der Frauenbewegung einmal aus, dann verleugnen die bürgerlichen Geschlechterideologien nicht den Charakter der vom Mann zudiktierten Fremdbestimmung[58], die in der Praxis als soziale Rollenzumutung erscheint, der sich die bürgerliche Frau nur schwer entziehen kann. Auch wenn ihr die volle Identifizierung mit dem engel-

---

[56] Vgl. z. B. H. Lange (1928) (1) 2 Bde. Demgegenüber ist für die gegenwärtige Generation privilegierter Frauen die Schrumpfung des anspruchsvollen kollektiven Ich-Ideals kennzeichnend. (Vgl. z. B. die Äußerung A. Banaschewskis, man müsse sich vor jeder Vorstellung hüten, "daß die Frau berufen sei, durch ihr 'mütterliches' Wesen die 'inhumane' Arbeits- und politische Welt in ihrer strukturellen Beschaffenheit zu ändern" (1960) S. 10).
[57] Vgl. Bibliografie Sveistrup/Zahn-Harnack (1961) S. 202-218.
[58] Vgl. S. de Beauvoir (1968) 1. Buch, III. Teil.

gleichen und mütterlichen "Wesen" nicht gelingt, ist sie, will sie soziale Diskriminierung vermeiden, häufig gezwungen, die verlangten weiblichen Charaktere gesellschaftskonform darzustellen. Ebenso wie die Ideologie sich als verhaltenssteuerndes soziales Zwangsmittel einsetzen läßt, eignet sie sich als Instrument der Rechtfertigung patriarchalischer Gesellschaftsstrukturen. Man kann aufgrund der ständigen Verquickung ständischer und romantischer Argumentationsreihen im 19. Jahrhundert vermuten, daß ihre große Verbreitung und Überzeugungskraft auf dieser Doppelfunktion beruht.

Wenn die romantisierende Idee der Weiblichkeit Ergebnis einer Übertragung innerpsychischer Träume und Hoffnungen auf das reale Objekt Frau ist, müssen den Trägern der Ideologie sowohl diese interessengebundenen Strukturen als auch das Ausmaß der Differenz von Realität und Ideal verborgen bleiben. Man kann deshalb der inferioren sozialen Situation und dem durch die Spuren der Unterdrückung gezeichneten Sozialcharakter der bürgerlichen Frau bedeutende gesellschaftliche Aufgaben und individuelle Sinnerfüllung zuerkennen, ohne an der gedrückten sozialen Lage etwas verbessern zu müssen - vergleichbar dem Versuch der volkstümlichen Bildungsbewegung, dem Leben des "einfachen Volkes" und der Existenz der zugeordneten Volksschule inmitten der kapitalistischen Klassengesellschaft gleichberechtigte Würde und Sinn zu verleihen.

Die psychologische Basis der Ideologie als männliche Projektion erklärt schließlich die permanente ambivalente Gefühlshaltung gegenüber dem weiblichen Geschlechtscharakter[59]. Ebenso wie der Mann in die Frau unerfüllte bürgerliche Hoffnungen und Träume hineindeutet, sieht er in ihr auch die Verkörperung des angstvoll Abgelehnten und Verdrängten. *Ein* Beispiel hierfür bietet das "naturhafte" Sein der Frau. Während auf der einen Seite die dem Mann versperrte Daseinsweise mit einer Fülle von Erfahrungs- und Glücksmöglichkeiten gleichgesetzt und deshalb verehrt wird, verachtet man anderseits darin die Abhängigkeit von der Umwelt, die der Mann zu überwinden und in Herrschaft umzumünzen vermag. Die affekti-

---

[59] Vgl. zum folgenden S. de Beauvoir (1968) S. 155 ff.

ve Ablehnung des weiblichen Charakters beschränkt sich nicht nur auf die - oft literarisch hervorgetretenen - individuellen "Frauenfeinde" und die konservativen bürgerlichen Gruppen, die ihrer Ablehnung öffentlich Ausdruck verleihen. Sie kann latent auch hinter den verklärenden Worten der die Frau idealisierenden Ideologen wirksam sein. Ein Indiz dafür mag sein, daß diese die bestehende hierarchische Rangfolge der Werte innerhalb der bürgerlichen Gesellschaft - Naturbeherrschung vor Naturverbundenheit; durchsetzungsfähiger Individualismus vor sozialem Einfühlungsvermögen - und vor allem die eigene Zugehörigkeit zum ranghöheren Leistungsvermögen nicht angetastet wissen wollen.

Ein anderes Beispiel liefert die in die Frau projizierte jungfräuliche Reinheit. Hinter der Fassade der Verehrung und Wertschätzung richten sich - der autoritären Charakterstruktur eines Teils der bürgerlichen Männer entsprechend - intensive, teilweise sadistisch gefärbte Triebwünsche auf das "unschuldige" und "engelgleiche" weibliche Objekt[60]. Diese werden - falls sie, wie im Bürgertum, geächtet sind - verdrängt und kehren leicht in Form von Triebregungen, die man den *anderen* Männern zuspricht, wieder. Die psychische Verschiebung ermöglicht es dem Mann, das Bewußtsein der persönlich untadeligen Haltung aufrechtzuerhalten und sich selbst als Beschützer der Frau gegen diese Angriffe - d. h. gegen die eigenen Wünsche - zu fühlen. Die gewählte Beschützerrolle gestattet es, verschiedenen Triebregungen in sozial akzeptablen Formen ungehindert nachzugeben. Bei einem Angriff auf das engelhafte Sein kann der Mann die Frau zur unschuldig Verfolgten und Geschändeten machen. In diesem Fall lenkt er die Aggressionen auf die Männergruppen, die die Frau vermeintlich verführen. Das kann in literarisch vermittelter und distanzierter Form geschehen. Ein Beispiel hierfür bietet der "Orientkomplex" (H. Glaser) des Bürgertums im 19. Jahrhundert: Man entrüstet und erregt sich über Berichte von Mißhandlungen reiner, aber abhängiger Frauen

---

[60] Vgl. H. Glaser (1964) S. 206 ff; ferner Adorno u. a. (1964) (bes. Bd. 1, S. 390 ff).

– Gefangene, Sklavinnen – in exotisch fernen Gesellschaften. Wenn sich die Reinheitsphantasien auf die eigene Gesellschaft erstrecken, kann diese Triebgrundlage zur Proklamierung und Durchsetzung einer rigorosen Moralpolitik [61] und schließlich – auf der Suche nach einem faßbaren Gegner – zur Diskriminierung und Verfolgung bestimmter (Minderheits-) Gruppen führen [62]. Eine alternative Kanalisierung der Triebbedürfnisse besteht darin, die Frau selbst als die moralisch Schuldige an Verfolgung und Schändung ihrer Reinheit anzusehen. In diesem Fall werden die Frauen zur Minderheitengruppe. Die Mehrheit der Mädchen und Frauen, die als noch unschuldig und unverführt eingestuft wird, unterwirft man strengen Beschränkungen. Man reglementiert die sozialen Kontakte, das Ausmaß des Wissens und auch die Ausdrucksformen des Verhaltens.

"Ein Mädchen, welches nicht errötet, wenn ihre Persönlichkeit durch üble Scherze, unfeine Zumutungen oder Zurschautragung sittlicher Gemeinheit beleidigt wird, ist verdorben, ist eine welke Rose, ein Falter mit Flügeln ohne Schuppenstaub; ... denn das Weib genießt eine gewisse Freiheit nur ihrem Gatten gegenüber, nicht aber gegenüber fremden Personen, am wenigsten fremden Männern"[63].

Die kleinere Gruppe der "entwürdigten" Frauen, die für den Mann jenseits der Reinheitsschwelle steht, macht er zum Gegenstand literarisch-genüßlicher Betrachtung und moralisch-entrüsteter Diskriminierung[64]. In den Dirnen, Hexen und Heroinen verfolgt er demonstrativ die in der Frau als Alternative zur Reinheit des Charakters vermuteten verwerflichen triebhaften Impulse.

---

61 Vgl. zum deutschen Neofaschismus das Manifest der NPD (1967): "Daher fordern wir die Beseitigung der öffentlichen Unmoral, durch die täglich insbesondere die Würde der Frau verletzt wird" (S. 8.
62 Vgl. zum deutschen Faschismus: H. Glaser (1964) S. 213 ff. (Z. B. das Hitler-Zitat aus "Mein Kampf": "Planmäßig schänden diese schwarzen Völkerparasiten (d. h. die Juden. d. Verf.) unsere unerfahrenen jungen blonden Mädchen und zerstören dadurch etwas, was auf dieser Welt nicht mehr ersetzt werden kann").
63 Wendt (1892) S. 258 f.
64 Vgl. z. B. K. Kraus (1966).

2.3. Das "weibliche Wesen" als ideologische Basis der "eigenständigen" Mädchenbildung

Die projektive Ideologie vom "Wesen" der Frau geht während des 19. Jahrhunderts in den Begründungszusammenhang vieler rechtfertigender und kritischer Stellungnahmen zur Praxis des Mädchenunterrichts ein. Aufgrund dieser Beliebtheit kann man im weiteren die Annahme zugrundelegen, daß die "Wesensschau" in außerordentlicher Weise den subjektiven und objektiven Bedingungen - dem Bewußtsein der Lehrer ebenso wie dem institutionellen Arrangement - schulischer Mädchenerziehung im bürgerlichen Patriarchalismus entgegenkommt. Die Änderungen, die die Ideologie bei der Umsetzung in eine Bildungsideologie erfährt, sind bemerkenswert gering.

Eine strukturelle Übereinstimmung der beiden Ideologien ergibt sich aus der verdinglichten Auffassung des weiblichen Charakters in der projektiven Geschlechteranthropologie, in deren Denkschemata eine Erklärung des "weiblichen Wesens" aus der persönlichen oder kollektiven Genese keinen Platz findet. Allenfalls gesteht man zu, daß die - in jedem Fall vorhandene - weibliche "Grundsubstanz" durch ungünstige Umwelteinflüsse an der vollen Entfaltung und sichtbaren Ausprägung gehindert werden kann. Diese Perspektive entspricht dem bei Lehrern der Zeit vorherrschenden Bewußtsein, die erzieherische Tätigkeit sei der eines Gärtners vergleichbar, der das mit dem Samen gegebene "Wesen" der Pflanze durch Schaffung günstiger Wachstumsbedingungen zur vollen äußeren Entfaltung bringe.

"Zu dem, wozu sich ein Wesen entwickeln soll, müssen Anlagen vorhanden sein, deren Entwicklung bewirkt wird durch das Zusammenwirken ihnen angemessener Einflüsse. Der Keim des Samenkorns schließt die ganze Pflanze in der Anlage in sich ein; daß nun aber aus dem Keime die Pflanze sich entwickelt, hängt davon ab, ob Boden und Klima, Wärme und Regen usw. der Natur derselben angemessen sind. Das Zusammenwirken ungünstiger Einflüsse wird entweder den Keim zerstören, oder doch die Natur der Pflanze verändern. Wie aber in dem Keime die Pflanze, so ist in dem Geiste des Kindes der ganze Mensch, d.i. das ganze Wesen desselben in der Anlage vorhanden, zu deren Entwicklung gleichfalls das Zusammenwirken von Einflüssen, welche der Eigenthümlichkeit des Wesens entsprechen, nothwendig ist. Die Einwirkungen auf seine Entwicklung erhält aber der Geist durch Erziehung und Unterricht.

Auch die Eigenthümlichkeiten des weiblichen Wesens, wie sie eben näher bezeichnet worden, sind ursprüngliche, bei der Geburt in der Anlage schon vorhandene. Erziehung und Unterricht haben dieselben nicht erst in das Wesen des Geistes hineinzuprägen, sondern nur dem Geiste zur Entwicklung derselben zu verhelfen"[65]

Getreu der Überzeugung vom gänzlich verschiedenen Wesen der beiden Geschlechter stimmen die Bildungsideologen darin überein, daß die beste Voraussetzung für die angemessene weibliche Entwicklung während der Schulzeit eine geschlechtsgebundene, selbständig organisierte Institution sei. Diese muß "den scharf ausgeprägten Charakter einer Mädchenschule"[66] erhalten, wobei möglichst

"die Ausprägung der Eigenthümlichkeit mit der aufsteigenden Folge der Mädchenschulen an Schärfe zunehme, wie ja das weibliche Wesen mit zunehmender Bildung und zunehmendem Alter bei der weiblichen Jugend an Bestimmtheit immer mehr gewinnt"[67].

Höhepunkt der Idee einer strengen Isolierung der Schulbildung ist der Versuch, gesonderte Hochschulen für Frauen als obere Stufe eines weiblichen Bildungssystems zu etablieren: 1850 wird von Fröbel-Schülern die - kurzlebige - "Hamburger Hochschule für das weibliche Geschlecht" gegründet; 1911 entsteht aufgrund der Initiative von Gruppen der Frauenbewegung und von ihr nahestehenden Pädagogen (E. Spranger) eine "Hochschule für Frauen" in Leipzig, 1925 eine "Akademie für soziale und pädagogische Frauenarbeit" in Berlin[68]. Allen Gründungen liegt die Ideologie der Frau als Trägerin sozialer Werte zugrunde. Vertreter der bürgerlichen Frauenbewegung sehen in ihnen eine "Stätte zur Förderung besonderer weiblicher Kulturleistungen"[69], also ein institutionelles Instrument zur gleichberechtigten gesellschaftlichen Durchsetzung des weiblichen Prinzips. Praktisch besitzen die "Hochschulen" den Status von höheren Fachschulen für Sozialberufe.

---
65 J.G. Herrmann (1843) S. 11 f. Vgl. E. Bremen (1905) S. 716.
66 J.G. Herrmann (1878) S. 29.
67 J.G. Herrmann (1878) S. 30.
68 Vgl. E. Spranger (1916); H. Ries (1927); E. Meyn-von Westenholz (1936) S. 98 ff.
69 Alice Salomon (zit. nach H. Ries (1927) S. 87).

Am gleichen Grundsatz - verstärkte Entfaltung des weiblichen "Wesens" - sollen sich auch Didaktik und Stil des Unterrichts orientieren. In bezug auf letzteren wird - um nur ein Beispiel zu nennen - "nachdrücklichst eine seelen- und gemüthvolle Sprache" verlangt, "weil weibliches Wesen nur da (gedeiht), wo die Sprache des Herzens geredet (wird)"[70]. Zur Methodik der Stoffübermittlung bemerkt der Herausgeber der Zeitschrift für weibliche Bildung, dem Verbandsorgan der Lehrer an höheren Mädchenschulen, in einer programmatischen Erklärung:

"Daß die Eigenart des Unterrichts für die Mädchenschule ein durch die Natur und Bestimmung des Mädchens gebotenes Erfordernis ist, darüber hat sich in unseren Kreisen eine immer mehr durchdringende Überzeugung gebildet ...
Die Begründung alles Unterrichtes in der höheren Mädchenschule auf der Grundlage der Anschauung ist ein Wesensunterschied für denselben im Vergleich mit demjenigen des Gymnasiums, welcher in der Abstraktion des formalen Denkens und dem Zusammenhang der Wissenschaft seine letzten Gründe suchen lehrt ...
Ein zweiter Unterschied muß den Unterricht der Mädchen charakterisieren in der besonderen Art, wie er das Interesse der Jugend für seine Gegenstände erzeugt ... Es ist das Gefühl für das Wahre, Schöne, Gute, Sittliche, Heilige, welches geweckt werden muß, wenn das Mädchen innerlich den Objekten des Unterrichtes sich erschließen und dieselben in sich aufnehmen soll"[71].

Eine *zweite* Konvergenz von Geschlechter- und Bildungsideologie resultiert aus den inhaltlichen Bestimmungen des weiblichen "Wesens". Diese gestatten, wie die folgenden Lehrplan-Entwürfe zeigen, eine unmittelbare Ableitung von Umfang oder Qualität der Unterrichtsstoffe und -ziele.

1828 geht der Direktor der Berliner Elisabethschule, August Gottlieb Spilleke, von der allgemeinen Forderung aus, der Mädchenunterricht dürfe "aus dem Gebiet des Wissens nur

---

70 J.G. Herrmann (1878) S. 38/39.
71 R. Schornstein: "Die Eigenart der höheren Mädchenschule, als Vorwort zu dem vierzehnten Jahrgange". ZfwB. 1886. 14. S. 1 ff (Zitat S. 3). Vgl. H. Gaudig (1909) (1) S. 75 ff; Gaudig plädiert für eine "Differenzierung im Lehrziel, in den Stoffen und auch in der Ausbildung der psychischen Funktionen ..." (76). Dabei "müssen *die* Funktionen, in denen die Stärke der weiblichen Begabung liegt, besonders kräftig und sorgfältig entwickelt werden" (76 f). Hierzu zählt Gaudig visuelles und synthetisches Denken, lebhafte Phantasie sowie spontane subjektive Wertung von Zuständen und Personen (S. 77 ff).

dasjenige auswählen, was am meisten geeignet ist, den Sinn zu veredeln und das Gefühl zu reinigen"[72]. In dem auf diesem Grundsatz aufgebauten Lehrplan der Schule stehen deshalb an erster Stelle "Unterrichtsgegenstände zur Erweckung des religiösen und sittlichen Sinns", worunter - was Rückschlüsse auf die inhaltliche Konkretisierung zuläßt - folgende Fächer subsumiert werden: "1. Unmittelbarer Religionsunterricht, 2. Gesang, 3. Naturkunde, 4. Geschichte". An zweiter Stelle folgen "Unterrichtsgegenstände zur Erweckung und Bildung des Schönheitssinnes". Darunter fallen "1. Deutsch, 2. Schreiben, 3. Zeichnen, 4. Gesang, 5. Handarbeiten".

Konkreter noch beschreibt Karl Schmidt in seiner Geschichte der Pädagogik (1862) die Unterrichtsziele, die aus dem seelenvollen, natur- und gottesfrommen "Wesen" der Frau abgeleitet werden müßten[73]. Der Geschichtsunterricht soll sich auf "Cultur- und Sittengeschichte" beschränken, die Naturwissenschaften sollen allein der staunenden Betrachtung dienen, "damit es (d.i. das Mädchen, d.Verf.) sich dem stillen Weben und Leben der Natur, mit dem das Weib verwandter als der Mann ist, liebevoll hingebe." Im Mittelpunkt des Unterrichts stehen der Religions- und der kunstgewerblich-ästhetische Unterricht. Der erstere muß

"den Hauch der Anmuth über das weibliche Wesen gießen, und Sanftmuth, Liebe und Treue, Demuth, Sittsamkeit und Gottesfurcht fest in das weibliche Herz graben, damit es sich liebevoll an Alles hingibt und in Allem sich selbst vergißt"[74].

Der andere soll allein "das Moment der Schönheit, des Weibes Element, betonen"[74]. Dazu sollen die - oben bereits analysierten - üblichen prestigehaltigen Fertigkeiten der "höheren Tochter" beitragen:

"Flecht- und Ausstechübungen, ausgeschnittene und mit Farben belebte Bilder, Zeichnen von Umrissen häuslicher Geräthe, Blumen, Anschauen von plastischen Kunstwerken und von wirklich schönen Gemälden, und dann die

---

72 Zit. nach Handbuch der Frauenbewegung Bd. 3 (1902) S. 84 f.
   Vgl. auch Bachmann (1893).
73 Vgl. Karl Schmidt (1884) S. 810 f.
74 Karl Schmidt (1884) S. 811.

Poesie in ihrer ganzen Skala, Gesang daneben, des Mädchens Lust, Clavierspiel, seine Freude: das sind die Momente, in die das Mädchen eingeführt werden muß, um in die Kunst einzudringen und an sich selbst die Schönheit darzustellen"[74].

Auffallendstes Kennzeichen dieser Programme ist die einseitige und begrenzte Auswahl der Unterrichtsziele. Unter Berufung auf das ideale weibliche "Wesen" können Bestrebungen, den Mädchen faktisch einige in Jungenschulen obligatorische Sozialisationsleistungen - vor allem solche, die die praktische und theoretische Verfügungsgewalt über sich und die eigene Zukunft vergrößern [75] - vorzuenthalten, sich als gleich- und eigenwertige Erziehungsvorstellungen legitimieren. Die ideologische Basis der Argumentation wird in der zweiten Jahrhunderthälfte offenkundig, als man mit ihrer Hilfe die von der Frauenbewegung und einigen Eltern- und Lehrergruppen geforderte Etablierung eines schulischen Leistungsprinzips [76] von den Mädchenschulen abzuwehren sucht. An erster Stelle lehnt man jegliche (dem Unterricht an höheren Jungenschulen vergleichbare) Wissenschaftspropädeutik als dem weiblichen "Wesen" unzuträglich ab:

"Bildung darf bei Mädchen niemals in Wißenschaft ausarten, sonst hört sie auf, zarte weibliche Bildung zu sein. Das Mädchen kann und darf sich in nichts Wißenschaftliches mit jener hartnäckigen, männlichen Ausdauer vertiefen, daß sie darüber alles andere vergäße. Nach Männer Weise in der Wißenschaft gründlich zu sein, darnach könnte nur ein ganz unweibliches Mädchen streben ..."[77].

Daneben sucht man die Bedeutung des Unterrichts und seiner Forderungen in Mädchenschulen abzuwerten:

"Das Mädchen wird nun nicht wie der Knabe, der Jüngling, zu einem bestimmten Berufe erzogen ... und bedarf nicht der Bildung des Geistes in solchem Grade wir der Jüngling. Daher darf der Unterricht auch nicht die Zeit des Mädchens ausschließlich oder doch in übermäßiger Weise in Anspruch nehmen; die Schule muß demselben vielmehr noch hinlängliche Zeit

---

[75] Das erstreckt sich bis zur Verfügungsgewalt über den eigenen Körper. Vgl. z. B. Morgenstern (1808): "In jenen (d. i. Mädchen. d. Verf.) also kann die Sorge für den Körper überhaupt fast nur negativ seyn: alles, was der Gesundheit Nachtheil bringen könnte, werde nicht nur vermieden, sondern auch verhütet" (S. 97).
[76] Vgl. 1. Teil (Soziale Funktionen der "höheren Mädchenbildung").
[77] K. v. Raumer (1853) S. 82. Vgl. ferner Krickau (1926) S. 8.

übrig lassen, um den nöthigen häuslichen Thätigkeiten, der Erholung und dem Familienleben die volle Berücksichtigung gewähren zu können, welche das weibliche Leben fordert"[78].

Eine ideologische Schlüsselstellung innerhalb der vom weiblichen "Wesen" ausgehenden Bildungsideologien nimmt der Begriff der "Erziehungsaufgabe" von Mädchenschulen ein.

"Es kann eine Mädchenschule nimmer gedeihlich ihre Aufgaben erfüllen, wenn sie nicht in aller ihrer Wirksamkeit wie in der Lehrstunde, auch außer derselben, in dem Verkehre von Lehrenden und Schülerinnen eine Erziehungsanstalt ist"[79].

Er dient nicht nur dazu, abermals eine Begründung für die Abwertung intellektueller Unterrichtsaufgaben zu liefern[80]. Die "Erziehungsaufgabe" der Schule ist auch eine Chiffre für die verlangte Unterwerfung der weiblichen Heranwachsenden unter eine strenge Disziplin. Diese zielt vor allem auf eine Einübung bürgerlicher Sekundärtugenden. Die "Gewöhnung zur Sauberkeit", "Gewöhnung zur Sorgfalt in Allem" oder die "Gewöhnung an gerade Haltung"[81] versteht man als Vorbereitung der weiblichen Rollenverpflichtung zur Dienstfertigkeit, Bescheidenheit und Unterordnung[82].

Angesichts der pedantischen, moralisierenden Verhaltensvorschriften und der zusätzlichen Gouvernanten und Anstandsdamen in den "höheren Mädchenschulen" des 19. Jahrhunderts läßt sich die Vermutung nicht von der Hand weisen, daß ein Teil der latenten Feindseligkeit gegen die Frau, die ja eine Triebgrundlage der Ideologie vom weiblichen "Wesen" bildet,

---

78 Janke (1873) S. 62.
79 R. Schornstein. ZfwB. 1886. 14. S. 5; vgl. E. Bremen (1905) S. 716.
80 Für die Verwendung des Erziehungsbegriffs in diesem Sinne vgl. z. B. das Regulativ für die höheren Töchterschulen der Provinz Preußen von 1868 (Zentralblatt (1868) S. 625 ff).
81 Regulativ f. d. höheren Töchterschulen von 1868 (Zentralblatt (1868). Vgl. ferner L. v. Stein (1886) S. 88; K. v. Raumer (1853) S. 60 ff. Bemerkenswert erscheint, daß der "Ausdruckswert der symmetrischen Haltung" auch in den gegenwärtigen Geschlechteranthropologien noch eine Rolle spielt. Buytendijk (1953) betont, daß diese Haltung nicht nur charakteristisch für das weibliche Wesen sei, sondern auch "die Gebetshaltung bei allen Völkern" darstelle (S. 189).
82 Vgl. ZfwB. 1884. 12. S. 109 f; Heintzeler (1918) S. 16; Oltrogge (1842) S. 44 f.

auch in Ideologie und Praxis des Mädchenunterrichts einfließt[83]. Während die Zielvorstellung der idealen Weiblichkeit dem Bedürfnis der Praktiker nach Aufwertung und Überhöhung der eigenen Tätigkeit[84] entgegenkommt und die Konzeption der Bildungspläne bestimmt, bleibt deren intentionalerzieherisches und deren unkontrolliertes Handeln wahrscheinlich nicht unbeeinflußt von der versteckten Aggression männlicher Gruppen gegen die Minderheitengruppe der Frauen.

---

[83] Das ist um so wahrscheinlicher, als der Schulunterricht beim Lehrer ganz allgemein eine gewisse Enthemmung aggressiver Antriebe in ritualisierter Form zu fördern scheint. Vgl. P. Fürstenau (1965); Müller-Bek (1958).

[84] Vgl. zur Interpretation der kollektiven Affinität von Erziehern zur Überhöhung der Praxis: Bernfeld (1967) S. 132 ff.

Schluß

Emanzipation der Frau im Konkurrenzkapitalismus des 19. Jahrhunderts und im Monopolkapitalismus des 20. Jahrhunderts

In der Einleitung wurde die Auseinandersetzung mit der Sozialgeschichte der Mädchenbildung im 19. Jahrhundert durch den Hinweis gerechtfertigt, daß die historische Analyse ein besseres Verständnis der Gegenwartslage ermögliche. Vor dem Hintergrund dieser Fragestellung soll im folgenden die gesellschaftliche und schulische Lage von Frauen und deren Entwicklung im Kapitalismus thematisiert werden. Das Schlußkapital greift über die Konkretion historischer Einzelanalyse hinaus und sucht den allgemeinsten Begriff für den Gegenstandsbereich der vorliegenden Arbeit.

Bei der Einschätzung der Entwicklung der weiblichen Situation im 19. und 20. Jahrhundert muß beachtet werden, daß bürgerliche Politik und Wissenschaft ein festes Urteil über diesen Prozeß besitzen und als allgemeingültig durchzusetzen trachten. Anhand dessen Kritik und als dessen Gegen-Urteil ist der historisch-materialistische Interpretationsversuch zu entwickeln.

Kernstück der bürgerlichen Geschichtsdeutung bildet die Überzeugung, daß die Emanzipation der Frauen ein historisch weitgehend abgeschlossenes Ereignis darstelle, daß die Emanzipation den Industriegesellschaften beim Übergang zum 20. Jahrhundert "gelungen" sei[1]. Während man die Lage der Frauen in der Vergangenheit des 19. Jahrhunderts als grundlegend

---

[1] Vgl. z. B. als Vertreter bürgerlicher Familiensoziologie und -ideologie H. Schelsky (1967) S. 407.

ungleich und unfrei definiert, wird unterstellt, daß es sich
für die Gegenwart nur darum handeln kann, die im Prinzip
hergestellte Gleichheit und Freiheit gegen die vereinzelten
Überbleibsel traditionaler Denkweisen und Einrichtungen endgültig durchzusetzen. Die Überzeugung bürgerliche Sozialwis-
senschaftler und politischer Repräsentanten des Systems, daß
es hier um ein Akzidens, eine unwesentliche Nebenerscheinung
des Kapitalismus gehe, liegt auch der anhaltenden öffentlichen Darstellung einiger Widersprüche der gesellschaftlichen
Lage von Frauen zugrunde.

Die Reduktion des Problems durchläuft in der bürgerlichen Öffentlichkeit
folgende charakteristischen Stufen. Zunächst: Man behandelt die soziale
Situation der Frauen nicht als ein *gesellschaftspolitisches* Problem, das
heißt als Problem, mit dem vorherrschendes Modell und vorherrschende
Struktur der Gesellschaft zur Debatte stehen.

Die "Frauenfrage" wird vielmehr auf den Status einer *verbandspolitischen*
Angelegenheit reduziert. Die Frauen werden als Angehörige einer Interes-
sengruppe definiert, denen in einer als pluralistisch deklarierten Gesellschaft das gleiche Recht wie anderen Standes- und Berufsgruppen zugesprochen wird, bei den politischen Maklern den zustehenden Anteil an
rechtlichen und sozialen Begünstigungen einzufordern. Diese Perspektive
liegt - um ein Beispiel anzuführen - der Frauenenquête der Bundesregierung zugrunde.

"Im Bewußtsein ihrer Verantwortung für eine gerechte Ordnung wird die
Bundesregierung auch weiterhin der Situation der Frauen besondere Beach-
tung schenken. Sie wird nicht nur die Lücken des Berichts durch ergänzende Berichterstattung schließen, sondern zu gegebener Zeit weitere
Maßnahmen vorschlagen, die dazu beitragen sollen, den Frauen den ihnen
gemäßen Platz in unserer Gesellschaft zu sichern. Die noch ungelösten
Aufgaben können z. T. aber nur im Zusammenwirken aller verantwortlichen
Kräfte bewältigt werden. Insoweit wird die Bundesregierung alsbald mit
den Ländern, den kommunalen Spitzenverbänden, den Sozialpartnern und
anderen Stellen und Verbänden, insbesondere auch den Frauenorganisatio-
nen, Gespräche mit dem Ziel führen, die Berichterstattung zu vervollständigen, eigene Maßnahmen vorzubereiten oder eine Initiative der Ge-
sprächspartner anzuregen"[2].

---

2 Bericht der Bundesregierung (1966) S. XVIII f (Einleitung).
  Vgl. zur Ideologiekritik des Berichts Hannelore Gernstein (1967) und
    Lieselotte Mohl/Ingrid Langer-El Sayed (1967). Ein Gegenbeispiel zum
    Herabspielen des Emanzipationsproblems zur verbandspolitisch gesehenen
    "Frauenfrage" im deutschen bietet der schwedisch-norwegische Frauen-
    report von 1963 (Leben und Arbeit der Frau (1965)), wo man betont, die
    Frauenfrage sei "ein Problem der Gesellschaft und nicht nur ein Pro-
    blem der Frauenvereine" (S. 4).

Allerdings erwecken selbst die zurückgesteckten Interessen der Gesamtgruppe der Frauen, stellt man sie geschlossen denen der Männer gegenüber, noch zu sehr Erinnerungen an einen unausgetragenen gesellschaftlichen Basiskonflikt. Einflußreiche Ideologen der gesellschaftlichen Befriedung sind deshalb bestrebt, die inhaltliche Identität der Fraueninteressen für gegenstandslos zu erklären und statt dessen die speziellen Interessenlagen der einzelnen Gruppen von Frauen (Akademikerinnen, ungelernte Arbeiterinnen, Ledige, berufstätige Mütter) in den Vordergrund zu stellen.

"... die in so vielen Äußerungen vorausgesetzte Einheit und Gemeinsamkeit der Interessen 'der Frau überhaupt' ist in ihrer Wahrheit an eine Gesellschaftsordnung gebunden, die gar nicht mehr existiert, nämlich eine, die der Frau sozial ihre Rollen so einheitlich vorschreibt, daß auch gleiche und gemeinsame soziale Interessen 'der Frau' dadurch geschaffen werden. Wir müssen heute von der umgekehrten Voraussetzung ausgehen ...
Hierin liegt begründet, daß nicht nur die Legitimität der Wortführerinnen 'der Frau' für eine einheitliche Interessenvertretung der Frauen ständig mehr schwindet, sondern daß sich diese einer ständig wachsenden Gleichgültigkeit, ja Ablehnung breitester Frauenkreise an der Frauenfrage und der weiblichen Gleichberechtigung gegenübersehen ... Es hat eben heute jede Frau ihre spezielle Interessenlage und soziale Schwierigkeiten, die sie ernst nimmt und in deren Verfolgung sie auf einen begrenzten Kreis von Bundesgenossinnen rechnen kann ... Es gibt keine 'Frauenfrage' mehr, sondern nur noch spezielle Frauenfragen ..."[3].

Innerhalb einer Gesellschaft, in der gesellschaftspolitische Bestrebungen grundsätzlich in verbandspolitische Interessen transformiert werden, haben nur die "sozialen Bestrebungen zur Besserung der Situation der Frauen" Aussicht auf Gehör, die sich mit der "Abhilfe und Regelung der ganz banalen Nöte und Schwierigkeiten einzelner Gruppen von Frauen" zufriedengeben"[4].

Die verbandspolitische Transformation der "Frauenfrage" wird begleitet und unterstützt durch deren Überführung in eine Angelegenheit privater Handlungsmoral und Lebensplanung. Da man den möglichen Zusammenhang von Problemen der Frauen mit gesellschaftlichen Strukturproblemen ausspart, kann man ihnen den Status individueller Lebensschwierigkeiten verleihen, die - obwohl jeweils größere Gruppen von Frauen oder alle Frauen betreffend - von den Einzelnen privat gemeistert werden wollen: "Die Schule muß das Mädchen ermutigen, verantwortungsvolle *individuelle* Lösungen zu suchen"[5].
Träger und Förderer des nicht abreißenden Kommunikationsflusses über weibliche Lebensprobleme sind die Bewußtseinsindustrien. In Frauenzeitschriften, Beilagen und Sendungen für die Frau erscheint ihre mißliche alltägliche Situation als gemeinsames Geschick, das es zu tragen gilt - und das auch tragbar ist. Die subjektive Unzufriedenheit trifft auf den psychohygienischen Ratschlag und den moralischen Appell, besitzt aber kein Anrecht auf politische Resonanz. Auf seiten der Gesellschaft

---

3 H. Schelsky (1967) S. 403/409.
4 H. Schelsky (1967) S. 417.
5 Bildungs- und Ausbildungsfragen der Frau (1968) S. 169.

darf man sich als Quintessenz der Analysen auf einfache Schuldzusammenhänge ohne gesellschaftliche Bedeutung zurückziehen. Schuld an der inferioren sozialen Situation der Frauen tragen bestimmte Personen und Personengruppen - Arbeitgeber, Lehrer, Eltern und vor allem die Frauen selbst -, die immer noch in unzeitgemäßen traditionalen Wertvorstellungen über die Geschlechter befangen sind.

Die historisch-materialistische Analyse der Entwicklung hält als wahres Moment dieser Auffassung fest, daß der Emanzipationsprozeß der Frauen beim Übergang zum Monopolkapitalismus in eine neue Phase getreten ist. Ihre Kritik setzt bei der einseitigen Hervorhebung der positiven Seite des Vorgangs und der Unterschlagung der negativen Dialektik, die ihm wesensmäßig anhaftet, ein. Als historischer Kronzeuge gegen den ideologisch-flachen Emanzipationsoptimismus mag F. Engels zitiert werden. Er wandte sich bereits zu einer Zeit, als die rechtliche, politische und soziale "Gleichberechtigung" von Frauen noch bloßes Reformprogramm, ihre konkrete Begrenztheit also noch nicht anschaubar war, gegen die illusionären Hoffnungen, die an deren Möglichkeiten geknüpft wurden. Er argumentierte, daß die spezifischen Widersprüche, die der Kapitalismus für Frauen bereithalte, durch den Abbau feudaler Abhängigkeiten und Ungleichheiten und die Etablierung von gleichen Rechten und Freiheiten überhaupt erst in ihrer vollen Schärfe etabliert und spürbar würden.

"In der industriellen Welt tritt aber der spezifische Charakter der auf dem Proletariat lastenden ökonomischen Unterdrückung erst dann in seiner vollen Schärfe hervor, nachdem alle gesetzlichen Sondervorrechte der Kapitalistenklasse beseitigt und die volle juristische Gleichberechtigung beider Klassen hergestellt wurden; die demokratische Republik hebt den Gegensatz beider Klassen nicht auf, sie bietet im Gegenteil erst den Boden, worauf er ausgefochten wird. Und ebenso wird auch der eigentümliche Charakter der Herrschaft des Mannes über die Frau in der modernen Familie und die Notwendigkeit wie die Art der Herstellung einer wirklichen gesellschaftlichen Gleichstellung beider erst dann in grelles Tageslicht treten, sobald beide juristisch vollkommen gleichberechtigt sind"[6].

Um die spezifische Dialektik des Freiheits- und Gleichheitsbegriffs in der kapitalistischen Gesellschaft richtig zu fassen, ist es vorteilhaft, kurz auf dessen ökonomische Ba-

---

6 MEW. Bd. 21. S. 75/76.

sis einzugehen. Es liegt - so die Analyse von K. Marx[7] - in
der Logik der Entwicklung kapitalistischer Produktion, das
Prinzip des Tauschs gesellschaftlich zu verallgemeinern. Mit
der Entfaltung des ökonomischen Tauschverhältnisses zu einem
universalen Gesellschaftsprinzip entfalten sich notwendig
auch die diesem adäquaten Formen der Sozialbeziehungen und
die ihm entsprechenden gesellschaftlichen Ideen.

Der Austausch von Tauschwerten verlangt nach Gleichheit
und Freiheit der Austauschenden. Und zwar setzt "die ökonomische Form, der Austausch, nach allen Seiten hin die Gleichheit der Subjekte": Als Austauschende befinden sie sich in
der gleichen gesellschaftlichen Beziehung zueinander; sind
sie gleichgültig gegenüber ihren individuellen Eigenheiten.
Durch den Inhalt, den Stoff, der zum Austausch treibt, wird
die wechselseitige Freiheit der tauschenden Subjekte gesetzt: Das Tauschprinzip impliziert Freiwilligkeit und Ge-
waltverzicht bei der Transaktion und eine Sozialbeziehung,
in der die Tauschenden ungebunden ihren Eigeninteressen folgen.

Die fortschreitende kapitalistische Gesellschaft erzeugt
immer neue Stufen der gesellschaftlichen Verallgemeinerung
des Tauschs. Die Entwicklung des Geldsystems schließt nach
und nach fast alle Gesellschaftsmitglieder als freie und
gleich Tauschende an das universale Marktprinzip an und befreit sie damit aus der Abhängigkeit von partikularen Wirt-
schafts- und Sozialeinheiten (patriarchalische Familie). Die
bedeutsamste Ausdehnung des Tauschprinzips stellt die freie
Tauschbarkeit der menschlichen Arbeitskraft dar. Genau hierin ist die umwälzende positive Leistung des kapitalistischen
Systems für die Frauen zu sehen. Rechtliche und politische
Gleichberechtigung, die um die Jahrhundertwende im Grundsatz
erreicht wurde und die als historische Tendenz die Gegenwart
bestimmt, bildet die anschauliche Oberflächenentsprechung
der ökonomischen Freisetzung der Frauen als Verkäufer ihrer

---

7 Vgl. hierzu z. B. K. Marx: Grundrisse der Kritik der politischen Ökonomie. Frankfurt o.J. S. 152 ff.

individuellen Arbeitskraft gegen Lohn und als Tauschende auf dem Geld- und Warenmarkt.

Diese reale egalitäre und freiheitliche Stoßrichtung des Kapitalismus wurde besonders vom vorrevolutionären Bürgertum und dessen utopischer Tradition gedanklich antizipiert.

Den frühkapitalistischen Utopien vom Schlage eines Thomas Morus oder Campanella fehlte ein grundlegender Begriff von Frauenemanzipation noch, was seine Erklärung im sozialhistorischen Stellenwert dieses Denkens findet[8]. Es ist motiviert aus dem humanistischen Widerstand gegen die beginnende wildwüchsige, traditionale Sozialstrukturen destruierende Wirtschaftsentwicklung des Frühkapitalismus. Der unberechenbaren gesellschaftlichen Dynamik, die der freie wirtschaftliche Egoismus einiger heraufbeschwört, begegnet man mit der gedanklichen Konstruktion einiger wohlgeordneter statischer Gesellschaften, die, konsequent am gemeinsamen Wohl ausgerichtet, allen Schutz und Entfaltungsmöglichkeiten zu garantieren vermögen. Aus der gedanklichen Anstrengung, eine Gesellschaftsform ausfindig zu machen, die es gestattet, Leistungen des einzelnen für das Ganze und des Ganzen für den einzelnen optimal zu vermitteln, folgt die Notwendigkeit, die im Patriarchalismus definierten Geschlechterrollen als bloß modifiziert egalitäre neu zu formulieren. Vorbildhaft hatte Platon im Staat entsprechende Überlegungen vorweggenommen. Die Befangenheit eines Thomas Morus oder Campanella in zeitgenössischen Vorstellungen von der Zweitrangigkeit des weiblichen Geschlechts übertrifft durchaus noch die Platons, insofern sie über den rein quantitativen auch am qualitativen Unterschied – ausgedrückt in der gesellschaftlichen Arbeitsteilung und in der gesellschaftlichen Autoritätsstruktur – festhalten. Bei den Vertretern des vorrevolutionären Bürgertums radikalisiert sich die Frage der weiblichen Emanzipation entsprechend der gewandelten Intention von Utopie. Diese kehrt sich nicht mehr – rückwärtsgewandt – gegen die Entwicklung der kapitalistischen Ökonomie, sondern sucht deren humane Möglichkeiten und Perspektiven gedanklich für die Zukunft zu entfalten und zu umfassenden optimistischen Fortschrittsmodellen zu verarbeiten. Die Utopisten prognostizieren die Möglichkeit, die unterdrückte Lage der Frauen im traditionalen Feudalismus durch die Entwicklung des Gesellschaftssystems aufzuheben – die Fortschritte dieser weiblichen Emanzipation werden von ihnen geradezu zum Maß des allgemeinen gesellschaftlichen Fortschritts erhoben[9]. Die neue Gesellschaftsformation werde die hohe Formbarkeit des menschlichen Charakters freisetzen[10] und damit vor allem den Frauen zum ersten Mal in der Geschichte die Chance eröffnen, sich allseitig zu entwickeln[11]. Statt einseitiger Geschlechtscharaktere solle dann nur noch "die unendliche Menschheit, die da war, ehe sie die Hülle der Männlichkeit und Weiblichkeit annahm" (Schleiermacher) existieren[12].

---

8 Vgl. Horkheimer (1930) S. 77 ff.
9 Z. B. Fourier (1966) S. 190.
10 Vgl. z. B. Condorcet (1963).
11 Fourier (1966) S. 206 ff; Mill (1869) S. 39/99.
12 Vgl. zu den entsprechenden Vorstellungen der "Frühromantiker" und "Jungdeutschen" Kluckhohn (1966) und Götze (1957) S. 118-130 sowie J. Hermand (1966).

Wie den spätbürgerlichen Legitimierungsideologien der Gegenwart fehlt den frühbürgerlichen Utopien allerdings jeder Begriff der negativen Dialektik, der die Entwicklung weiblicher Lage im Kapitalismus unterworfen ist. Die zunehmende Realisierung des Begriffs von Gleichheit und Freiheit ist lediglich die eine Konsequenz, die die Verallgemeinerung des Tauschprinzips zeitigt. Mit dieser Konsequenz kontrastiert eine andere, die durchaus negativ auf die weibliche Lage zurückschlägt und den Wirkungen der ersteren entgegengesetzt ist.

Es gehört zur Logik des Kapitals, den gesamten materiellen Produktionsprozeß seiner ökonomischen Gesetzmäßigkeit nach - und das ist eben die Gesetzmäßigkeit des sich verwertenden Werts (Profit) - umzugestalten und dieser unterzuordnen. Das hat zur Folge, daß alle nichtverwertbaren Zusammenhänge aus dem kapitalistisch organisierten Produktionsprozeß ausgeschieden werden müssen, sollen sie nicht die Verwertungslogik irritieren oder unter deren Kommando selbst ihrer Funktionsmöglichkeiten verlustig gehen. Eine bedeutsame institutionelle Trennung, die aus dem Gesagten folgt, ist die Ablösung des gesamten Komplexes der biologischen und kulturellen von dem der materiellen Reproduktion der Gesellschaft.

Die globale gesellschaftliche Isolierung von Familie und Ausbildungsbereich vom verwertungsbestimmten Industriesektor schlägt auf die Lage der Frauen existentiell zurück. Die gleiche kapitalistische Logik, die die reale Basis ihrer Befreiung aus der präindividuellen und lokal borniertenLebensweise des feudalen Patriarchalismus schuf, produziert die Grundlage für eine neue Form partikularer, privatistischer Isolierung von Frauen. Nur daß die Isolierung jetzt keine schicksalhafte, lebenslange mehr wie im Feudalismus ist, sondern nur noch einen Teil des Lebensverlaufs und der persönlichen Identität der Frauen ausmacht. Die Lockerung ist ein zweischneidiges Geschenk. Für die Aufhebung des unumstößlichen Zwangs zur lebenslangen patriarchalischen Abhängigkeit handeln die Frauen den Zwang zur Verinnerlichung des Basiswiderspruchs zwischen den organisierenden Prinzipien der materiellen und der biologisch-kulturellen Reproduktion ein. Ihr Teil ist, diesen allgemeinen Widerspruch individuell in ihrem Leben auszuhalten und in ihre Persönlichkeitsstruktur (als Identitätsproblem) aufzunehmen.

Es kennzeichnet den Übergangscharakter der sozialhistorischen Situation, die in der vorliegenden Arbeit untersucht wurde, daß die Frauen als Proletarierinnen bereits in diese widersprüchliche Lage verstrickt waren, während sie als Angehörige der bäuerlichen und bürgerlichen Gruppen davon noch weitgehend unberührt blieben. Die ideologische und institutionelle Auseinandersetzung, die im 19. Jahrhundert um die eigenständige Mädchenbildung und die ausschließliche Erziehung der Frauen im und fürs Haus geführt wurde, gewinnt ihre Schärfe aus ihrem ökonomischen Kontext. Der Kampf gegen die Emanzipation der Frauen, also gegen ihre Integrierung in das umfassende gesellschaftliche Tauschsystem, ist Teil des Existenzkampfes feudaler und kleinbürgerlicher Gruppen um die Erhaltung der Bedingungen einfacher Warenproduktion. Die Defensive gegen die umwälzende Kraft des kapitalistischen Industriesystems nötigt dem patriarchalischen System - bzw. seinen berufenen Ideologen - zuvor nicht gekannte intellektuelle und publizistische Anstrengungen zwecks Legitimierung der alten Ordnung ab - zu einem Zeitpunkt, an dem die Brüchigkeit des Gebildes bereits handgreiflich wird. Für die ideologische Brüchigkeit sorgt die Existenz der proletarischen Frauen, die den übrigen Frauengruppen als Industriearbeiterinnen Aspekte der weiblichen Zukunft im Kapitalismus praktisch vorleben; dafür sorgt an erster Stelle aber der ökonomische Verfall der patriarchalischen Familiengemeinschaften selbst, der die Frauen zur außerhäuslichen Arbeit zwingt.

Die Bedeutung dieser Phase der weiblichen Lage und der Frauenbildung im Kapitalismus liegt im Schein der patriarchalischen Eindeutigkeit, den ihre Institutionen und Ideologien während einiger Jahrzehnte aufrechtzuerhalten vermochten. Die Eindeutigkeit der Frauenlage wurde beim Übergang zum Monopolkapitalismus endgültig zerstört. Gleichzeitig erwiesen sich allerdings die Kernpunkte der Weiblichkeitsideologie und -praxis des Patriarchalismus als unzerstörbar. Sie leben als zählebige Partikel der "modernen" Existenzweise von Frauen weiter. Der Widerspruch hält die Erinnerung daran wach, daß die kapitalistisch verfaßte Gesellschaft das Emanzipationsversprechen, das sie historisch selbst erzeugte, keineswegs auch selbst einzulösen vermag.

Verzeichnis der zitierten Literatur

Adorno, Theodor W.: Veblens Angriff auf die Kultur (1941). Aus: Th.W. Adorno: Prismen. Kulturkritik und Gesellschaft. (1955) München 1963 (S. 68-91)
Adorno, T.W.; Frenkel-Brunswik, Else; Levinson, D.J. u.a.: The authoritarian personality. 2 Bde. (1950) New York 1964
Ärztliches Gutachten über das höhere Töchterschulwesen Elsaß-Lothringens. Straßburg 1884 (Zit. nach: A. Schornstein: Ärztl. Gutachten über d. höh. Töchterschulwesen Els.-Lothr. ZfwB. 1884. 12. S. 106-122)
Alt, Robert (Hrsg.): Erziehungsprogramme der Französsischen Revolution. Mirabeau. Condorcet. Lepeletier. Berlin/Leipzig 1949
Bachmann, Friedrich: Die Königliche Elisabethschule zu Berlin. Entwicklung, Einrichtungen, Bildungsziele. Berlin 1893
- Geschichte der Königlichen Elisabethschule zu Berlin. Zur Feier ihres hundertundfünfzigjährigen Bestehens am 10. Mai 1897. Berlin (1897)
Bäumer, Gertrud: Das Mädchenschulwesen. Aus: C. Rethwisch/R. Lehmann/ G. Bäumer: Die höheren Lehranstalten und das Mädchenschulwesen im Deutschen Reich. Berlin 1904 (S. 237-426)
- Geschichte der Gymnasialkurse für Frauen zu Berlin. Hrsg. v. Vorstand d. Vereinigung z. Veranstaltung v. Gymnasialkursen für Frauen. Berlin 1906
- Die Durchführung der preußischen Mädchenschulreform. Aus: Verhandlungen der 11. Generalversammlung des Allgemeinen Deutschen Lehrerinnenvereins in Hamburg vom 30. Mai bis 2. Juni 1909. Leipzig/Berlin 1909
- Die Frau in Volkswirtschaft und Staatsleben der Gegenwart. Stuttgart/Berlin 1914
- Das höhere Schulwesen für Mädchen. Aus: Handwörterbuch der Kommunalwissenschaften. Erg. Bd. H.-Z. 1927 (S. 1185-1193)
Banaschewski, Anne: Die Bildung des Mädchens im technischen Zeitalter. (Mund Nr. 96) Bühl-Baden 1960
Banks, J.A.: Prosperity and parenthood. A study of family planning among the victorian middle classes. London 1954
Banks, J.A.; Banks, Olive: Feminism and family planning in victorian england. New York 1964
Beauvoir, Simone de: Das andere Geschlecht. Sitte und Sexus der Frau (Le Deuxième Sexe. 1949) Hamburg 1968
Berg, Jan Hendrick van den: Metabletica. Über die Wandlung des Menschen. Grundlinien einer historischen Psychologie. Göttingen 1960

Berger, Heinrich: Zur Geschichte der Höheren und Erweiterten Mädchenschule zu Gießen während ihres 75jährigen Bestehens 1941-1916. Gießen 1920
Bericht der Bundesregierung über die Situation der Frauen in Beruf, Familie und Gesellschaft. Bonn 1966
Bernfeld, Siegfried: Sisyphos oder die Grenzen der Erziehung. (1925) Frankfurt ²1967.
Besch, Theophil: Aus dem Leben der Kaiserin Auguste-Viktoria-Schule in Celle 1805-1930. Celle 1930
Bestimmungen über die Neuordnung des höheren Mädchenschulwesens in Preußen vom 18. Aug. 1908 nebst den Bestimmungen über die Zulassung der Frauen zum Universitätsstudium. Halle 1908
Bildungs- und Ausbildungsfragen der Frau. Stellungnahme des Ausschusses für gesellschafts- und bildungspolitische Fragen der Frau (Deutscher Philologenverband). Die Höhere Schule. 1968. 7. S. 166-170
Blochmann, Elisabeth: Das 'Frauenzimmer' und die 'Gelehrsamkeit'. Eine Studie über die Anfänge des Mädchenschulwesens in Deutschland. Heidelberg 1966
Bölckow, Walter: Die Forderungen der Mecklenburgischen Volksschullehrer in der Deutschen Revolution 1848/49. (Masch. Diss) Berlin (Ost) 1955
Bolte, Karl Martin; Kappe, Dieter: Struktur und Entwicklung der Bevölkerung. (Beiträge zur Wirtschafts- und Sozialkunde) (1964) Opladen ²1965
Brandes, E.: Betrachtungen über das weibliche Geschlecht und dessen Ausbildung in dem geselligen Leben. Hannover 1802
Braun, Lily: Die Frauenfrage, ihre geschichtliche Entwicklung und wirtschaftliche Seite. Leipzig 1901
Bremen, E. von: Die Preußische Volksschule. Gesetze und Verordnungen. Stuttgart/Berlin 1905
Burgerstein: Schulhygiene. o.O. ³1912
Buytendijk, F.J.J.: Die Frau. Natur. Erscheinung. Dasein. Köln 1953

Campanella: Sonnenstaat (1623). Aus: K.J. Heinisch (Hrsg.)/ Der utopische Staat. Hamburg 1964 (S. 111-169)
Cauer, Eduard: Die höhere Mödchenschule und die Lehrerinnenfrage. Berlin 1878
Cauer, Friedrich: Von der 'höheren Töchterschule' zur höheren Schule. Aus: G. Louis (Hrsg.): Neugestaltung des Schulwesens. Berlin 1920 (S. 111-122)
- Ziele der Mädchenbildung einst und jetzt. Aus: F. Cauer, A. Molthan (Hrsg.): Lyzeum und Oberlyzeum. Leipzig 1926
Condorcet: Entwurf einer historischen Darstellung der Fortschritte des menschlichen Geistes (1794). Hrsg. v. W. Alff. Frankfurt 1963
- Bericht über die Allgemeine Organisation des öffentlichen Unterrichtswesens. Aus: R. Alt (Hrsg.): Erziehungsprogramme der Französischen Revolution. Berlin/Leipzig 1949

Desselberger, Julius: Geschichte des höheren Mädchenschulwesens in Württemberg. o.O. 1916
Deutsch, Helene: Psychologie der Frau. 2 Bde. (The Psychology of Women. 1944) Bern 1948
Dörner, Renate: Zum Frauenbild der Illustrierten. Das Argument. Nr. 22. ³1966. S. 41-48
Drucker, Renate: Zur Vorgeschichte des Frauenstudiums an der Universität Leipzig. Aktenbericht. Aus: H. Kretzschmar (Hrsg.): Vom Mittelalter zur Neuzeit. Berlin 1956 (S. 278-290)

Egner, Erich: Entwicklungsphasen der Hauswirtschaft. (Göttinger Wirtschafts- u. Sozialwiss. Studien) Göttingen 1964
Elias, Norbert: Über den Prozeß der Zivilisation. Soziogenetische und psychogenetische Untersuchungen. 2 Bde. Basel 1939
Felsberg, (Otto): Geschichte des städtischen Lyzeums zu Brandenburg 1825. 1925. Festschrift zur Jahrhundertfeier seines Bestehens. Brandenburg 1925
Festschrift zur Feier des 25jährigen Bestehens der gymnasialen Studienanstalt in Köln a. Rh. 1903-1928. Köln 1928
Fichte: Sämtliche Werke. Hrsg. v. J.H. Fichte. Leipzig 1844 ff
Förster, Elisabeth: In wie fern kann das Haus zur Fortbildung der Mädchen beitragen? ZfwB. 1884. 12. S. 466 ff
Foerster, Friedrich Wilhelm: Die Hauptaufgaben der Erziehung. Freiburg 1959
Fourier, Charles: Theorie der vier Bewegungen und der allgemeinen Bestimmungen (1808). Hrsg. v. T.W. Adorno/E. Lenk. Frankfurt/Wien 1966
- Die harmonische Erziehung. Hrsg. v. W. Apelt. Berlin 1958
Frauenbildung. Zeitschrift für die gesamten Interessen des weiblichen Unterrichtswesens. Hrsg. v. J.Wychgram. Leipzig/Berlin. 1. Jg. 1902 ff
Friedländer, H.H.: Die Forderungen unserer Zeit hinsichtlich der Erziehung und Bildung des weiblichen Geschlechts. Elberfeld/Iserlohn 1847
Fürstenau, Peter: Zur Psychoanalyse der Schule als Institution. Das Argument. Nr. 29. ^{2}1965. S. 65-78
Fürth, Henriette: Das Bevölkerungsproblem in Deutschland. Jena 1925
Furck, Carl-Ludwig: Das pädagogische Problem der Leistung in der Schule. (1961) Weinheim ^{2}1964
Garve, Chr.: Versuche über verschiedene Gegenstände aus der Moral, der Literatur und dem gesellschaftlichen Leben. Breslau 1792
Gaudig, Hugo: Didaktische Ketzereien. (1904) Leipzig/Berlin ^{2}1909
Geissler, Wilhelmine: Das Pensionsjahr wie es nicht sein soll und wie es sein soll. Frauenbildung. 1907. 6. S. 333 ff
Gerstein, Hannelore: Die Frau - Das mysteriöse Wesen. Einige Gedanken zur Enquête der Bundesregierung. Neue Sammlung. 1967. 7. S. 265-274
Geschichte der Erziehung. Hrsg. v. K.-H. Günther/F. Hofmann/G. Hohendorf/ H. König/H. Schuffenhauer. Berlin 1967
Glaser, Hermann: Spießer-Ideologie. Von der Zerstörung des deutschen Geistes im 19. und 20. Jahrhundert. Freiburg 1964
Goecke: Warum wünschen wir weibliche Leitung für unsere Mädchenschulen und welche Vorbedingungen sind dafür zu erfüllen? Aus: Verhandlungen der neunten Generalversammlung des Allgemeinen Deutschen Lehrerinnenvereins in Bremen vom 11. bis 13. Juni 1905. Gera 1905 (S. 31-53)
Götze, Dorothea: Der publizistische Kampf um die höhere Frauenbildung in Deutschland von den Anfängen bis zur Zulassung der Frau zum Hochschulstudium. (Masch. Diss.) München 1957
Goffman, Erving: The presentation of self in everyday life. New York 1959. (Deutsch: Wir alle spielen Theater. München 1969)
Güldner, Hans: Die höheren Lehranstalten für die weibliche Jugend in Preußen. Bestimmungen, Verfügungen und Erlasse. Halle ^{2}1913
Günther, Friedr. Joach.: Das Schulwesen im protestantischen Staate. Vorträge für Gebildete. Elberfeld 1852
Hahn, J.Z.H.: Bescheidene Prüfung der Cirkularverordnung Sr. Königl. Majestät von Preußen Friedrich Wilhelm des Dritten an allerhöchst dero sämtliche Regimenter und Bataillons, den Unterricht in den Garnisonsschulen betreffend sowie der darin enthaltenen Grundsätze über Volksschulen und Volksunterricht überhaupt. Monatsschrift für Deutsche. Leipzig 1800

Handbuch der Frauenbewegung. Lange, Helene; Bäumer, Gertrud (Hrsg.):
  Bd. 1: Die Geschichte der Frauenbewegung in den Kulturländern.
  Berlin 1901
  Bd. 3: Der Stand der Frauenbildung in den Kulturländern. Berlin 1902
  Bd. 4: Die Deutsche Frau im Beruf. Berlin 1902
Haufe, Helmut: Die Bevölkerung Europas. Stadt und Land im 19. und 20.
  Jahrhundert. Berlin 1936
Heckel, Hans: Die Städte und ihre Schulen. Stuttgart 1959
Heintz, Peter: Die Mode als gesellschaftliches Phänomen. Aus: P. Heintz:
  Einführung in die soziologische Theorie. Stuttgart 1962
Heintzeler, Emil: Das Königin-Katharina-Stift in Stuttgart. Seine Geschichte von 1818 bis 1918. Stuttgart (1918)
Heppe, Heinrich: Geschichte des deutschen Volksschulwesens. Gotha 1858 ff
Herchenbach, Wilhelm: Moderne Töchtererziehung. Ein offenes Wort an die
  deutschen Frauen und Jungfrauen. Aus: F. Heilskamp (Hrsg.): Zeitgemäße Broschüren. Münster 1873. Bd. 8. (S. 77-96)
Hermand, Jost (Hrsg.): Das Junge Deutschland. Texte und Dokumente.
  Stuttgart 1966
Herrmann, Johann Gottfried: Betrachtungen über die Stellung, den Beruf,
  das Wesen und die Erziehung des Weibes, zur Begründung einer richtigen Ansicht über eine zweckmäßige Einrichtung der Mädchenschulen.
  Aus: Rode, Bürger- und Volksschulen. Mühlhausen 1843
- Lebens- und Bildungsgang des Rectors a.D. J.G. Herrmann in Mühlhausen
  i.Th. Ein Beitrag zur Geschichte des Mädchen-Schulwesens. Gütersloh
  1878
Herrmann, Judith: Die deutsche Frau in akademischen Berufen. Leipzig 1915
Hinkle, Beatrice M.: Die Ehe in der neuen Welt. Aus: Keyserling (1926)
  (S. 192-216)
Hillebrand, J.: Über Deutschlands National-Bildung. Frankfurt 1818
Hirsch, Max: Über das Frauenstudium. Eine soziologische und biologische
  Untersuchung auf Grund einer Erhebung. Leipzig/Würzburg 1920
Hitler, Adolf: Mein Kampf. München 1934
Hollweg, Otto (Hrsg.): Festschrift zur Feier des 75jährigen Bestehens
  des Städt. Oberlyzeums i.E. in Wesel. Wesel 1928
Homberg, Tinette: Gedanken über Erziehung und Unterricht. (1845) Berlin
  ^{2}1861
Horkheimer, Max: Anfänge der bürgerlichen Geschichtsphilosophie. Stuttgart 1930
Horn, Ewald: Das höhere Mädchenschulwesen in Deutschland. Eine vergleichende Übersicht mit besonderer Berücksichtigung der Stundenpläne.
  Berlin 1919
Hornstein, Walter: Vom 'jungen Herrn' zum 'hoffnungsvollen Jüngling'.
  Wandlungen des Jugendlebens im 18. Jahrhundert. Heidelberg 1965
Huber, E.R.: Deutsche Verfassungsgeschichte seit 1789. Bd. 1. Stuttgart
  1957
Jacobi, Jolande: Die Psychologie von C.G. Jung. Eine Einführung in das
  Gesamtwerk. (1939) o.O. ^{4}1959
Jakoby, Hermann: Die Grenzen der weiblichen Bildung. Gütersloh 1871
Janke, Albert: Die Mängel in der gegenwärtigen äußern und innern Einrichtung und die zeitgemäße Umgestaltung der Höheren Töchterschulen.
  Berlin 1873
Jantzen, Hermann: Die Gymnasialbildung der Mädchen. Ein Überblick über
  ihre Entwicklung in Deutschland. Königsberg 1903
Jung, C.G.: Die Beziehungen zwischen dem Ich und dem Unbewußten. o.O.
  ^{4}1945

- Die Frau in Europa. (1929) Zürich ³1948
- Über die Psychologie des Unbewußten. (1912) Zürich ⁶1949
- Von den Wurzeln des Bewußtseins. Studien über den Archetypus. Zürich 1954

Kempf, Rosa: Die deutsche Frau nach der Volks-, Berufs- und Betriebszählung von 1925. Mannheim u.a. 1931

Kettler, Hedwig: Das erste deutsche Mädchengymnasium. Weimar 1893

Keyserling, Hermann (Hrsg.): Das Ehe-Buch. Eine neue Sinngebung im Zusammenklang der Stimmen führender Zeitgenossen. Celle ³1926
- Das richtig gestellte Eheproblem. Aus: H. Keyserling (1926) (S. 17-52)

Kiener, Franz: Kleidung, Mode und Mensch. Versuch einer psychologischen Deutung. München/Basel 1956

Kirchhoff, Arthur (Hrsg.): Die Akademische Frau. Gutachten hervorragender Universitätsprofessoren, Frauenlehrer und Schriftsteller über die Befähigung der Frau zum wissenschaftlichen Studium und Berufe. Berlin 1897

Klein, Heinrich: Lehrplantheorie und Lehrplanpraxis in der Volksschule des 19. Jahrhunderts. Mainz 1962

Kluckhohn, Paul: Die Auffassung der Liebe in der Literatur des 18. Jahrhunderts und in der deutschen Romantik. (1921) Tübingen ³1966

König, Helmut: Zur Geschichte der Nationalerziehung in Deutschland im letzten Drittel des 18. Jahrhunderts. Berlin 1960

König, René: Kleider und Leute. Zur Soziologie der Mode. Frankfurt 1967

Konopka, Otto: Geschichte der Königlichen Luisenstiftung zu Posen. Posen 1910

Kraus, Karl: Sittlichkeit und Kriminalität. (1908) Frankfurt/Hamburg 1966

Kreyenberg, Gotthold: Die Höhere Töchterschule. Leipzig 1874

Krickau, Katharina: Die Geschichte des Mindener Oberlyzeums 1826-1926 Minden/Westf. 1926

Kuczynski, Jürgen: Studien zur Geschichte der Lage der Arbeiterin in Deutschland von 1700 bis zur Gegenwart. Berlin 1963

Küsel: Bemerkungen über weibliche Bildung. Aus: Jadae (Hrsg.): Jahresbericht über die Stralauer Stadtschule zu Berlin. Berlin 1845 (S. 1-11)

Lachs, Joh.: Die mecklenburgische Landschule in der ersten Hälfte des 19. Jahrhunderts unter den Bedingungen des spät-feudalistischen Ständestaates. (Masch. Diss.) Berlin 1961

Lagarde, Paul de: Programm für die konservative Partei Preussens entworfen. Göttingen 1884

Lage, v.d.: Welche Grundsätze müssen bei einer Reform der höheren Mädchenschule maßgebend sein? Aus: Verhandlungen der 7. Generalversammlung des Allgemeinen deutschen Lehrerinnenvereins in Bonn a.Rh. vom 26.-28. Mai 1901. Gera 1901 (S. 96-105)

Landes, David S.: Technological change and development in western europe 1750-1914. Aus: The Cambridge Economic History of Europe. Vol. VI. T.I. Cambridge 1965

Lange, Helene: Die Frauenbewegung in ihren modernen Problemen. (1907) Leipzig ²1914
- Kampfzeiten. Aufsätze und Reden aus vier Jahrzehnten. 2 Bde. Berlin 1928 (1)
- Lebenserinnerungen. (1921) Berlin 1928

Lange, Hermann: Schulbau und Schulverfassung der frühen Neuzeit. Zur Entstehung und Problematik des modernen Schulwesens. Hamburg 1967

Leben und Arbeit der Frau - aus Schwedisch-Norwegischen Untersuchungen. Informationen für die Frau. 1965. 14. Nr. 2
Leclercq, Jacques: Die Familie. Ein Handbuch. (Le cons de Droit naturel. Vol. III. La Famille. 1932) Freiburg 1955
Lenk, Kurt (Hrsg.): Ideologie. Ideologiekritik und Wissenssoziologie. (1961) Neuwied/Berlin ²1964
Lersch, Philipp: Vom Wesen der Geschlechter. München/Basel ²1950
Lexis, W. (Hrsg.): Das Unterrichtswesen im Deutschen Reich. Bd. 2: Rethwisch/Lehmann/Bäumer: Die höheren Lehranstalten und das Mädchenschulwesen im Deutschen Reich. Berlin 1904
Mackenroth, Gerhard: Bevölkerungslehre. Theorie, Soziologie und Statistik der Bevölkerung. Berlin/Göttinge/Heidelberg 1953
Das Mädchen-Gymnasium in Karlsruhe begründet vom Verein 'Frauenbildungs-Reform', eröffnet am 16. Sept. 1893. Amtl. Bericht üb. Entstehung, Eröffnung u. Organisation d. Schule. Weimar 1894
Die Mädchenschule. Zeitschrift für das gesamte Mädchenschulwesen mit besonderer Berücksichtigung der Höheren Mädchenschule. Hrsg. v. K. Hessel/F. Dörr. Bonn 1888-1907 (Jg. 1-20)
Maeder, Alphonse: Ehe und Selbstentwicklung. Aus: Keyserling (1926) (S. 382-395)
Die Höhere Mädchenschule. Zeitschrift für alle Angelegenheiten d. Höh. Mädchenschule, d. Frauenschule, des Mädchengymnasiums u. d. höh. Lehrerinnenseminars. 1908-1921 (Jg. 21-34)
Das Manifest der NPD mit Erläuterungen. Politik in unserer Zeit. Hannover 1967
Marcuse, Herbert: Triebstruktur und Gesellschaft. Ein philosophischer Beitrag zu Sigmund Freud. (Eros and civilisation. 1955) Frankfurt 1965
- One dimensional man. Studies in the ideology of advanced industrial society (Der eindimensionale Mensch. 1966) London 1964
Meier, Joh. H.: Über weibliche Bildung durch öffentliche Anstalten. Lübeck 1826
Menzel, Bruno: Aus den ersten hundert Jahren der Luisenschule. Aus: Festschrift zur Hundertjahrfeier der Luisenschule in Magdeburg am 11. Oktober 1919. Magdeburg 1919
Meyn-von Westenholz, Elisabeth: Der Allgemeine Deutsche Lehrerinnenverein in der Geschichte der deutschen Mädchenbildung. Berlin 1936
Mill, John Stuart: Die Hörigkeit der Frau. (The subjection of women. 1869) Berlin 1869
Mohl, Lieselotte; Langer-El Sayed, Ingrid: Die Frau in amtlichen Schubladen. 'Ein Aufruf zum Handeln'? Frankfurter Hefte. 1967. 22. S. 113-122
Molthan-Neuzelle, Agnes: Das höhere Mädchenschulwesen. Aus: Handbuch der Pädagogik. Hrsg. v. H. Nohl/L. Pallat. Bd. 4. Langensalza 1928
Morgenstern, Karl: Von den Grenzen weiblicher Bildung. Rede bey Eröffnung der kaiserlichen Töchterschule zu Wyborg (1805). Aus: K. Morgenstern: Johannes Müller oder Plan im Leben nebst Plan im Lesen und von den Grenzen weiblicher Bildung. Drey Reden. Leipzig 1808 (S. 91-122)
Morus, Thomas: Utopia (1516). Aus K.J. Heinisch (Hrsg.): Der utopische Staat. Hamburg 1964 (S. 7-110)
Muchow, Hans Heinrich: Jugend und Zeitgeist. Morphologie der Kulturpubertät. Hamburg 1962
Müller-Bek, H.: Das Berufsmilieu des Volksschullehrers. Psyche. 1958. 12. S. 50 ff
Nathusius, Philipp von: Zur 'Frauenfrage'. Halle 1871

Neff, Wanda F.: Victorian working women. An historical and literary study of women in british industries and professions. 1832-1850. (1929) Haarlem ²1966
Nöldeke, W.: Von Weimar bis Weimar. 1872-1897. Leipzig 1897
Nohl, Herman: Die pädagogische Bewegung in Deutschland und ihre Theorie. (1933) Frankfurt ⁵1961
- Charakter und Schicksal. Eine pädagogische Menschenkunde. (1938) Frankfurt ³1947
- Pädagogik aus dreißig Jahren. Frankfurt 1949
Oltrogge, Carl: Die Töchterschule in Lüneburg. Hannover 1842
Otto-Peters, Luise: Erinnerungen aus der Vergangenheit. Leipzig 1876
Parsons, Talcott: Alter und Geschlecht in der Sozialstruktur der Vereinigten Staaten (1942). Aus: T. Parsons: Beiträge zur soziologischen Theorie. Neuwied/Berlin 1964 (S. 65-83)
Petrat, Gerhardt: Reifenormen der öffentlichen Schulen Preußens. Eine historisch-systematische Untersuchung. (Diss.) Hamburg 1962
Rassow, Peter: Die Bevölkerungsvermehrung Europas und Deutschlands im 19. Jahrhundert (1950). Aus: P. Rassow: Die geschichtliche Einheit des Abendlandes. Reden und Aufsätze. Köln/Graz 1960 (S. 139-150)
Raumer, Karl von: Die Erziehung der Mädchen. Stuttgart 1853
Regensburger, Paul: Statistisches über die höheren Mädchenschulen Preußens am Beginne des Schuljahres 1908/1909. Frauenbildung. 1908. 7. S. 533 ff
Reiche, Reimut: Sexualität und Klassenkampf. Zur Abwehr repressiver Entsublimierung. Frankfurt 1968
Reichenberger, Sigmund: Das Karlsruher Mädchengymnasium in seinen ersten 25 Jahren. 1893-1918. Karlsruhe 1918
Rein, Wilhelm: Pädagogik in systematischer Darstellung. Bd. 1: Die Lehre vom Bildungswesen. Langensalza 1902
Rethwisch, C.; Lehmann, R.; Bäumer, G.: Die höheren Lehranstalten und das Mädchenschulwesen im Deutschen Reich. (Das Unterrichtswesen im Deutschen Reich. Hrsg. v. W. Lexis. Bd. 2) Berlin 1904
Ries, Hildegard: Geschichte des Gedankens der Frauenhochschulbildung in Deutschland. Münster 1927
Roessler, Wilhelm; Die Entstehung des modernen Erziehungswesens in Deutschland. Stuttgart 1961
Rogmann, Heinz: Die Bevölkerungsentwicklung im preußischen Osten in den letzten hundert Jahren. Berlin 1937
Rost, Bernhard: Entwicklung und Stand des höheren Mädchenschulwesens im Königreich Sachsen mit besonderer Berücksichtigung der letzten Decennien. Historisch-statistisch dargestellt. Tübingen 1907
Sack, G.: Pädagogische Unterhaltungen. o.O. 1799
Schaaf, Erwin: Die niedere Schule im Raum Trier-Saarbrücken von der späten Aufklärung bis zur Restauration. 1780-1825. Trier 1966
Schecker, Margarete: Die Entwicklung der Mädchenberufsschule. Weinheim 1963
Schelsky, Helmut: Wo liegen heute die Interessen der Frau? Aus: H. Schelsky: Wandlungen der deutschen Familie in der Gegenwart. Stuttgart ⁵1967 (S. 394-418)
Scherer, Alice (Hrsg.): Die Frau. Wesen und Aufgaben. (1951) Freiburg ²1954
Scherer, Alice; Scherer, Robert: Vom Wesen der Frau. Aus: A. Scherer (1954) (Sp. 1-14)
Schleiermacher, Friedrich: Pädagogische Schriften. Hrsg. v. E. Weniger. Bd. 1: Die Vorlesungen aus dem Jahre 1826. Düsseldorf/München 1957

Schmidt, Karl: Geschichte der Pädagogik, dargestellt in weltgeschichtlicher Entwicklung und im organischen Zusammenhange mit dem Culturleben der Völker. Bd. 4 (4. Aufl.: R. Lange) (1862) Köthen 1884
Schneider, K.; Bremen, E. von (Hrsg.): Das Volksschulwesen im Preußischen Staate. Bd. 1: Berlin 1886; Bd. 3: Berlin 1887
Schneider, K.; Petersilie, A.: Die Volks- und die Mittelschulen sowie die sonstigen niederen Schulen im preußischen Staate im Jahre 1891. Berlin 1893
Schröder, Otto (Hrsg.): Aufnahme und Studium an den Universitäten Deutschlands. Halle ²1926
Schulz, Ellen: Die Mädchenbildung in den Schulen für die berufstätige Jugend. Ihre geschichtliche Entwicklung und ihre gegenwärtige Problematik. Weinheim 1963
Schumacher-Köhl, Wilhelmine: Mutterschaft und Mütterlichkeit. Aus: A. Scherer (1954) (Sp. 14-32)
Simmel, Georg: Die Großstädte und das Geistesleben. Aus: G. Simmel: Brücke und Tor. Hrsg. v. M. Landmann/M. Susman. Stuttgart 1957 (S. 227 ff)
Spranger, Eduard: Die Idee einer Hochschule für Frauen und die Frauenbewegung. Leipzig 1916
- Kultur und Erziehung. Gesammelte pädagogische Aufsätze. Leipzig ²1923
- Zur Geschichte der deutschen Volksschule. Heidelberg 1949
- Stufen der Liebe. Über Wesen und Kulturaufgabe der Frau. Hrsg. v. A. Fechner-Mahn. Tübingen 1965
Statistisches Handbuch von Deutschland 1928-1944. München 1949
Stein, Edith: Frauenbildung und Frauenberufe. (1949) München ⁴1956
Stein, Lorenz von: Das Bildungswesen. Die Zeit bis zum neunzehnten Jahrhundert. Aus: L. v. Stein: Die Verwaltungslehre. Teil 8. Stuttgart 1884
Steinhausen, Georg: Häusliches und gesellschaftliches Leben im 19. Jahrhundert. Berlin 1898
Stücklen, Gerta: Untersuchung über die soziale und wirtschaftliche Lage der Studentinnen. Ergebnisse einer an der Berliner Universität im Winter 1913-14 veranstalteten Enquête. Göttingen 1916
Sveistrup, Hans; Zahn-Harnack, Agnes v. (Hrsg.): Die Frauenfrage in Deutschland. Strömungen und Gegenströmungen 1790-1930. Sachlich geordnete und erläuterte Quellenkunde. (1934) Tübingen ²1961
Tenbruck, Friedrich: Jugend und Gesellschaft. Soziologische Perspektiven. (1962) Freiburg ²1965
Topitsch, Ernst: Begriff und Funktion der Ideologie. Aus: E. Topitsch: Sozialphilosophie zwischen Ideologie und Wissenschaft. (1961) Neuwied/Berlin ²1966 (S. 15-52)
Touaillon, Christine: Der deutsche Frauenroman des 18. Jahrhunderts. Wien/Leipzig 1919
Ungelenk, Ludwig: Geschichte der Alexandrinenschule 1852-1927. Aus: Alexandrinum zu Coburg. 1852-1927. Festschrift zur Feier des 75jährigen Bestehens der Anstalt. Coburg 1927
Veblen, Thorstein: Theorie der feinen Leute. Eine ökonomische Untersuchung der Institutionen. (The theory of the leisure class. 1899) Köln/Berlin o.J.
Verhandlungen der ersten (- 17.) Generalversammlung des Allgemeinen deutschen Lehrerinnenvereins. Gera 1891-1903. Leipzig/Berlin 1907 ff
Wehmer: Enzyklopädisches Handbuch der Schulhygiene. o.O. 1903
Wendt, F.M.: Die Affekte der Mädchen. Eine psycho-gynäkologische Studie. Die Mädchenschule. 1892. S. 241 ff

Wiese, Ludwig: Über weibliche Erziehung und Bildung. Berlin 1865
Wychgram, Jakob (Hrsg.): Handbuch des höheren Mädchenschulwesens. Leipzig 1897
Zeitschrift für weibliche Bildung in Schule und Haus. Zentralorgan für das deutsche Mädchenschulwesen. Leipzig 1873-1901 (Jg. 1-29)
Zentralblatt für die gesamte Unterrichtsverwaltung in Preußen. Herausgegeben in dem Ministerium der geistlichen, Unterrichts- und Medizinalangelegenheiten. Berlin 1859 ff
Zimmer: Die Weiterbildung des Mädchenpensionatswesens und die Zimmerschen Töchterheime. Frauenbildung. 1906. 5. S. 432 ff
Zinnecker, Jürgen: Emanzipation der Frau und Schulausbildung. Weinheim 1972
Zunkel, Friedrich: Industriebürgertum in Westdeutschland. Aus: H.-U. Wehler (Hrsg.): Moderne deutsche Sozialgeschichte. Köln/Berlin 1966